Dr. Oetker

VORSPEISEN
VON A–Z

Von Appetithappen bis Zwiebeltörtchen

Dr. Oetker

VORSPEISEN
VON A–Z

Von Appetithappen bis Zwiebeltörtchen

Dr. Oetker Verlag

Abkürzungen und Hinweise

Abkürzungen

EL	=	Esslöffel
TL	=	Teelöffel
Msp.	=	Messerspitze
Pck.	=	Packung/Päckchen
g	=	Gramm
kg	=	Kilogramm
ml	=	Milliliter
l	=	Liter
evtl.	=	eventuell
Fl.	=	Fläschchen
geh.	=	gehäuft
gestr.	=	gestrichen
TK	=	Tiefkühlprodukt
°C	=	Grad Celsius
Ø	=	Durchmesser

Kalorien-/Nährwertangaben

E	=	Eiweiß
F	=	Fett
Kh	=	Kohlenhydrate
kJ	=	Kilojoule
kcal	=	Kilokalorien

Hinweise zu den Rezepten

Lesen Sie vor der Zubereitung – besser noch vor dem Einkauf – das Rezept einmal vollständig durch. So werden Arbeitsabläufe oder -zusammenhänge klarer.
In jedem Rezept ist die Anzahl der Portionen angegeben.

Zutatenliste

Die Zutaten sind in der Reihenfolge ihrer Bearbeitung angegeben.

Arbeitsschritte

Die Arbeitsschritte sind einzeln hervorgehoben, in der Reihenfolge, in der sie von uns ausprobiert wurden.

Backofeneinstellung

Die in den Rezepten angegebenen Gartemperaturen und -zeiten sind Werte, die je nach individueller Hitzeleistung Ihres Backofens über- oder unterschritten werden können. Die Temperaturangaben beziehen sich auf Elektrobacköfen. Beachten Sie bitte bei der Einstellung des Backofens die Gebrauchsanleitung des Herstellers. Die Temperatur-Einstellmöglichkeiten für Gasbacköfen variieren je nach Hersteller sehr stark, sodass wir keine allgemeingültigen Angaben machen können.

Zubereitungs- und Garzeiten

Die Zubereitungszeit ist ein Anhaltswert für die Zeit der Vorbereitung und die eigentliche Zubereitung. Sie variiert je nach Geschick und Übung. Die Garzeiten sind, in der Regel, gesondert ausgewiesen.
Bei einigen Rezepten setzt sich die Gesamt-Garzeit aus mehreren Teil-Garzeiten zusammen. Längere Wartezeiten, z. B. Kühl- und Auftauzeiten, sind nicht miteinbezogen.

Wenn der kleine Hunger kommt

Ob Antipasti, Tapas, Mezze oder Vorspeisen, die kleinen Gaumenschmeichler sind in verschiedenen Formen in vielen Kulturen bekannt.

Von Anchoiade-Schnitten bis Zwiebeltörtchen finden Sie in diesem Lexikon alles, was das Herz begehrt. Klassiker, moderne Rezepte und Beispiele aus aller Herren Länder haben wir in diesem Buch zusammengestellt.

Entdecken Sie also die Vielfalt der Vorspeisen, von pikant bis süß, von leicht bis gehaltvoll, von einfach bis aufwendig. Empfangen Sie Ihre Freunde, Verwandten oder die Liebsten ganz entspannt und überraschen Sie sie mit schmackhaften Kleinigkeiten.

Probieren Sie, wie lecker „Häppchen" schmecken können, nach knackigem Gemüse, zartem Fleisch, delikatem Fisch, frischen Kräutern und appetitlichen Gewürzen.

Auberginen-Tortilla, Carpaccio, Dolmadakia, Kräuteroliven, Pumpernickeltaler, Rosmarinecken oder Salzmandeln – dies ist nur eine kleine Auswahl der über 140 meist herzhaften Köstlichkeiten, die wir für Sie zusammengestellt haben. Dabei zeigt eine Buchstabenleiste Ihnen, wo Sie sich im Alphabet befinden.

Alle Rezepte sind am Ende des Buches noch einmal thematisch sortiert nach Vorspeisen für Gäste oder für besondere Gelegenheiten, schnellen und einfachen, vegetarischen und solchen, die gut vorzubereiten sind.

Sämtliche Rezepte wurden von Dr. Oetker ausprobiert und sind so beschrieben, dass sie Ihnen auf Anhieb gelingen.

Guten Appetit!

Anchoiade-Schnitten

Für Gäste - raffiniert

8 Scheiben

Pro Scheibe:

E: 3 g, F: 4 g, Kh: 8 g, kJ: 344, kcal: 82

80 g	*Anchovisfilets (Sardellen aus dem Glas)*
2	*Knoblauchzehen*
1 TL	*Tomatenmark*
3 EL	*Olivenöl*
etwas	*Zitronensaft*
	frisch gemahlener Pfeffer
8 kleine Scheiben	*Baguette*
etwas	*gehackte Petersilie*

Zubereitungszeit: 20 Minuten

1. Anchovisfilets kurz unter fließendem kalten Wasser abspülen und trocken tupfen. Knoblauch abziehen. Anchovisfilets mit Knoblauch und Tomatenmark zu einem ganz feinen Püree hacken, in eine Schüssel geben.

2. Olivenöl tropfenweise unterrühren, mit Zitronensaft und Pfeffer würzen.

3. Baguettescheiben von einer Seite rösten. Die ungeröstete Seite mit Anchoviscreme bestreichen und auf einer Platte anrichten. Mit gehackter Petersilie bestreuen und servieren.

Tipp: Anchovishappen nach Belieben mit Tomatenwürfeln, Shrimps, Eierscheiben oder Schnittlauchröllchen garnieren.

Apfelpuffer mit Lachstatar

Für Gäste

12 Stück

Pro Stück:
E: 5 g, F: 7 g, Kh: 4 g, kJ: 443, kcal: 106

Für das Tatar:

250 g geräucherter Lachs
1 kleine Zwiebel
3–4 Stängel Dill
2 EL Kräuteressig
1 EL Zitronensaft
1 TL geriebener Meerrettich
Salz, frisch gemahlener Pfeffer
3–4 EL Speiseöl, z. B. Olivenöl

Für die Puffer:

250 g Knollensellerie
2 säuerliche Äpfel, z. B. Cox Orange
1 Ei (Größe M)
2 EL Weizenmehl
60 g Butterschmalz

Zubereitungszeit: 50 Minuten

1. Für das Tatar Lachs in kleine Würfel schneiden. Zwiebel abziehen, ebenfalls klein würfeln. Dill abspülen und trocken tupfen. Die Spitzen von den Stängeln zupfen. Dillspitzen klein schneiden, mit den Lachs- und Zwiebelwürfeln vermengen.

2. Essig mit Zitronensaft und Meerrettich verrühren. Mit Salz und Pfeffer würzen. Olivenöl unterschlagen. Die Marinade zu den Lachswürfeln geben und gut untermischen. Lachstatar kalt stellen.

3. Für die Puffer Sellerie schälen, abspülen, abtropfen lassen und grob reiben. Äpfel schälen, vierteln und entkernen. Apfelviertel ebenfalls grob reiben und in einem Geschirrtuch gut auspressen.

4. Die Sellerie- und Apfelraspel mit Ei und Mehl in einer Rührschüssel vermengen. Mit Salz und Pfeffer würzen.

5. Etwas von dem Butterschmalz in einer Pfanne zerlassen. Die Puffermasse portionsweise mit einem Esslöffel in die Pfanne geben und etwas flach drücken. Die Puffer von beiden Seiten knusprig braten. Aus der Puffermasse insgesamt 12 Puffer backen.

6. Die fertigen Puffer aus der Pfanne nehmen, kurz abtropfen lassen und auf Küchenpapier legen. Puffer warm stellen. Das Lachstatar auf den Puffern verteilen und sofort servieren.

Tipp: Die Apfelpuffer mit Lachstatar nach Belieben mit Dillspitzen garnieren.

Appetithappen

Für Gäste

8–10 Portionen

Pro Portion:
E: 29 g, F: 32 g, Kh: 8 g, kJ: 1840, kcal: 439

24	***Weißbrottaler***
etwa 120 g	***Butter***
3–4	***Kiwis***
12 dicke Scheiben	***Rinderfilet (Aufschnitt)***
einige	***Salatblätter***
6–8	***Räucherlachsscheiben***
125 g	***Eiersalat (Fertigprodukt)***
6–8 Scheiben	***Bündner Fleisch oder Lachsschinken***
etwa 24	***grüne Weintrauben***
1–2	***hart gekochte Eier***
einige	***Spargelspitzen (aus dem Glas)***
	Kaviar
6 Scheiben	***Baguette***
30 g	***Butter***
einige	***Salatblätter***
1	***Radieschen***
300 g	***Krabbenfleisch***
etwas	***Zitronensaft***
einige	***Dillspitzen***
8 runde	***Pumpernickeltaler***
30 g	***Butter***
8 dicke Scheiben	***Pfefferkäse***
1	***Radieschen***
8	***Walnusskernhälften***

Zubereitungszeit: 50 Minuten

1. Die Weißbrottaler mit Butter bestreichen. Kiwis schälen und in Scheiben schneiden.

2. Sechs Weißbrottaler mit je 2 Scheiben Rinderfilet belegen und je 1 Kiwischeibe darauflegen.

3. Sechs weitere Weißbrottaler zuerst mit abgespülten und trocken getupften Salatblättern belegen. Räucherlachsscheiben jeweils zu einer Tüte formen, auf die Salatblätter geben und mit Eiersalat garnieren.

4. Bündner Fleisch oder Lachsschinken aufrollen und jeweils in die Mitte von weiteren 6 Weißbrottalern legen. Die Weintrauben abspülen, trocken tupfen und dekorativ auf den Weißbrottalern verteilen.

5. Die Eier pellen und in Scheiben schneiden. Die restlichen Weißbrottaler mit je 1 Eierscheibe belegen. 1–2 abgetropfte Spargelspitzen darauflegen und mit Kaviar garnieren.

6. Baguettescheiben mit Butter bestreichen. Brotscheiben mit abgespülten und trocken getupften Salatblättern belegen.

7. Radieschen putzen, waschen, trocken tupfen und in dünne Scheiben schneiden.

8. Krabbenfleisch mit Zitronensaft beträufeln. Jeweils 1 Radieschenscheibe auf den Rand der einzelnen Baguettescheiben legen. Das Krabbenfleisch darauf verteilen.

9. Mit abgespülten und trocken getupften Dillspitzen garnieren.

10. Pumpernickeltaler mit Butter bestreichen. Pfefferkäsescheiben darauf verteilen.

11. Die Käsescheiben mit je 1 Walnusskernhälfte und 1 Radieschenscheibe garnieren.

Tipps: Die Weißbrottaler können nach Belieben aus Weißbrot- oder Toastbrotscheiben ausgestochen werden. Die Appetithäppchen können auch nur mit Weißbrotscheiben zubereitet werden. Sie können die Brotscheiben auch toasten und mit verschiedenen Buttermischungen bestreichen. Wichtig bei den Appetithäppchen sind ein phantasievoller Belag und eine hübsche Garnierung.

Artischockenblätter mit Shrimps

Etwas teurer

4 Portionen

Pro Portion:
E: 17 g, F: 19 g, Kh: 4 g, kJ: 1038, kcal: 248

2 Artischocken
1 Zitrone
Salzwasser
2 EL Weißweinessig
2 Lorbeerblätter

Für den Frischkäse-Dip:
200 g Doppelrahm-Frischkäse
125 g Schlagsahne
Cayennepfeffer
Salz
2 TL fein gehackte Kapern
200 g Shrimps
2 TL Kapern

Zubereitungszeit: 35 Minuten
Garzeit: 25–30 Minuten

1. Artischocken waschen und die äußeren, schlechten Blätter abschneiden. Die Blattspitzen mit einer Küchenschere gerade schneiden. Zitrone halbieren und die Schnittflächen der Artischocken mit dem Zitronenfruchtfleisch abreiben.

2. Artischocken in kochendes Salzwasser geben. Essig und Lorbeerblätter hinzufügen, wieder zum Kochen bringen und zugedeckt 25–30 Minuten bei schwacher Hitze garen, bis sich die Blätter leicht herausziehen lassen.

3. Die Artischocken mit einem Schaumlöffel herausnehmen und jeweils mit dem Boden nach oben in ein Sieb geben, abtropfen und erkalten lassen.

4. Die Artischockenblätter herauszupfen und auf einer großen Platte anrichten. Das Heu von den Artischockenböden entfernen. Die Böden in die Mitte der Platte setzen.

5. Für den Dip Frischkäse mit Sahne geschmeidig rühren. Mit Cayennepfeffer und Salz abschmecken, Kapern unterrühren.

6. Die Frischkäsemasse in einen Spritzbeutel mit großer Lochtülle füllen. Die Frischkäsemasse auf die Artischockenböden und -blätter spritzen. Mit Shrimps und Kapern garnieren.

Auberginen mit eingelegten Limetten

Raffiniert

8–10 Portionen

Pro Portion:
E: 4 g, F: 38 g, Kh: 13 g, kJ: 1786, kcal: 427

Für die eingelegten Limetten:

5	*Bio-Limetten (unbehandelt, ungewachst)*
1 EL	*Meersalz*
150 ml	*Olivenöl*
5	*Knoblauchzehen*
150 ml	*Olivenöl*
10	*mittelgroße Auberginen (je etwa 300 g)*
	Salz
	frisch gemahlener, grober, bunter Pfeffer
2 Bund	*Schnittlauch*

Zubereitungszeit: 50 Minuten, ohne Durchzieh- und Kühlzeit
Grillzeit: etwa 4 Minuten

1. Für die eingelegten Limetten Limetten heiß abwaschen, abtrocknen und in dünne Scheiben schneiden. Die Limettenscheiben mit Salz bestreuen, in ein Glas schichten und mit Olivenöl übergießen, sodass die Limettenscheiben bedeckt sind. Limettenscheiben mit Klarsichtfolie abdecken, mindestens 24 Stunden kalt stellen und durchziehen lassen.

2. Knoblauch abziehen und durch eine Knoblauchpresse drücken. Anschließend Olivenöl mit Knoblauch verrühren.

3. Auberginen waschen, abtrocknen und die Stängelansätze entfernen. Auberginen in Scheiben schneiden. Mit Salz und Pfeffer bestreuen. Auberginenscheiben in eine flache Schale legen und mit dem Knoblauchöl übergießen. Auberginenscheiben mit Klarsichtfolie abdecken und kalt stellen.

4. Den Backofengrill vorheizen.

5. Schnittlauch abspülen, trocken tupfen und in Röllchen schneiden.

6. Die Auberginenscheiben aus der Schale nehmen, trocken tupfen und auf einen mit Alufolie belegten Backofenrost legen. Den Backofenrost unter den vorgeheizten Backofengrill schieben. Die Auberginenscheiben von jeder Seite etwa 2 Minuten grillen.

7. Die Auberginenscheiben vom Backofenrost nehmen und etwas abkühlen lassen.

8. Auberginenscheiben mit den eingelegten Limettenscheiben auf einer großen Platte anrichten. Mit den Schnittlauchröllchen bestreuen.

Beilage: Eingelegter Fetakäse oder Mozzarella-Käse. Frisches Stangenweißbrot oder Fladenbrot.

Tipps: Die Auberginen schmecken auch sehr gut zu gegrilltem Lammfleisch oder Fisch. Limettenscheiben einige Tage vor dem Verzehr in Olivenöl einlegen.

Auberginen mit Ricotta-Füllung

Einfach

10 Stück

Pro Stück:

E: 2 g, F: 6 g, Kh: 3 g, kJ: 314, kcal: 75

1 EL	*Pinienkerne*
1	*große Aubergine*
	Salz
3	*getrocknete Tomaten, in Öl eingelegt*
½ Topf	*Thymian*
120 g	*Ricotta (ital. Frischkäse)*
1 EL	*Rosinen*
einige Spritzer	*Balsamico-Essig*
1 Prise	*Zucker*
	frisch gemahlener Pfeffer
5–6 EL	*Olivenöl*

Außerdem:

Holzstäbchen

Zubereitungszeit: 30 Minuten, ohne Ziehzeit

1. Pinienkerne in einer Pfanne ohne Fett goldbraun rösten, herausnehmen und auf einem Teller erkalten lassen.

2. Die Aubergine abspülen, trocken tupfen und den Stängelansatz abschneiden. Aubergine längs in etwa ½ cm dicke Scheiben schneiden (evtl. mit einer Aufschnittmaschine). Auberginenscheiben mit Salz bestreuen und etwa 10 Minuten ziehen lassen.

3. Die Tomaten abtropfen lassen und in kleine Stücke schneiden. Thymian abspülen und trocken tupfen. Einige Stängel zum Garnieren beiseitelegen. Von den restlichen Stängeln die Blättchen abzupfen. Blättchen klein schneiden.

4. Ricotta mit Thymian, Tomatenstücken und Rosinen verrühren. Mit Balsamico-Essig, Zucker, Salz und Pfeffer abschmecken. Etwa die Hälfte der Pinienkerne unterrühren.

5. Auberginenscheiben trocken tupfen. Etwas Olivenöl in einer großen Pfanne erhitzen. Die Auberginenscheiben darin portionsweise von beiden Seiten anbraten. Auberginenscheiben zum Abtropfen auf Küchenpapier legen.

6. Die Ricotta-Füllung auf den Auberginenscheiben verteilen. Auberginenscheiben von der schmalen Seite her aufrollen und mit Holzstäbchen feststecken. Auberginenröllchen mit den beiseitegelegten Thymianstängeln garnieren und mit den restlichen Pinienkernen bestreuen.

Auberginen-Tortilla Raffiniert

4–6 Portionen

Pro Portion:
E: 14 g, F: 51 g, Kh: 15 g, kJ: 2371, kcal: 566

1	mittelgroße Aubergine
1 gestr. TL	Salz
4	Kartoffeln
200 ml	Olivenöl
	Salz
	frisch gemahlener Pfeffer
175 g	Champignonköpfe (aus der Dose)
100 g	frisch geriebener Butterkäse
1 TL	gerebelter Oregano
1 TL	gerebeltes Basilikum
4	Eier (Größe M)
1/2 Bund	Petersilie

Zubereitungszeit: 35 Minuten, ohne Ziehzeit
Backzeit: etwa 15 Minuten

1. Die Aubergine waschen, abtropfen lassen und den Stängelansatz entfernen. Aubergine in dünne Scheiben schneiden, mit Salz bestreuen und etwa 15 Minuten ziehen lassen. Den Backofen vorheizen.
Ober-/Unterhitze: etwa 180 °C
Heißluft: etwa 160 °C

2. Kartoffeln waschen, schälen, abspülen, abtropfen lassen und in dünne Scheiben schneiden. Etwa ein Drittel des Olivenöls in einer Pfanne erhitzen. Die Kartoffelscheiben darin unter mehrmaligem Wenden anbraten, herausnehmen und warm stellen.

3. Die Auberginenscheiben unter fließendem kalten Wasser abspülen und trocken tupfen. Das restliche Olivenöl in der Pfanne erhitzen. Auberginenscheiben darin unter mehrmaligem Wenden anbraten und herausnehmen. Auberginenscheiben vorsichtig unter die warmen Kartoffelscheiben heben. Mit Salz und Pfeffer kräftig würzen.

4. Champignonköpfe in einem Sieb abtropfen lassen. Champignonköpfe, Käse, Oregano und Basilikum zu der Kartoffel-Auberginen-Mischung geben und untermengen.

5. Eier verschlagen, mit Salz und Pfeffer würzen, in eine flache Auflaufform (gefettet) geben. Die Kartoffel-Auberginen-Käse-Masse darauf verteilen. Die Form auf dem Rost in den vorgeheizten Backofen schieben. Auberginen-Tortilla etwa 15 Minuten backen.

6. Die Form auf einen Rost stellen. Petersilie abspülen und trocken tupfen. Die Blättchen von den Stängeln zupfen. Blättchen klein schneiden.

7. Auberginen-Tortilla in Stücke schneiden und mit Petersilie bestreut servieren.

Tipp: Zusätzlich 125 g gewürfelten Kochschinken unter die Kartoffel-Auberginen-Mischung heben.

Aufschnitt in Radieschen-Vinaigrette

Einfach – schnell

4–6 Portionen

Pro Portion:
E: 29 g, F: 26 g, Kh: 1 g, kJ: 1467, kcal: 350

1 Bund	*Radieschen (etwa 200 g)*
2 Kästchen	*Kresse*
1 EL	*mittelscharfer Senf*
3 EL	*milder Weißweinessig*
	Salz, frisch gemahlener Pfeffer
8 EL	*Olivenöl*
1 Bund	*Schnittlauch*
250 g	*Rinderbratenaufschnitt*
250 g	*Schweinebratenaufschnitt*

Zubereitungszeit: 30 Minuten

1. Radieschen putzen und waschen, trocken tupfen und in kleine Würfel schneiden. Radieschenwürfel in eine Schüssel geben.

2. Kresse abspülen, trocken tupfen und abschneiden. Senf mit Essig verrühren, mit Salz und Pfeffer würzen. Die Hälfte der Kresse unterrühren. Das Olivenöl unterschlagen. Die Vinaigrette zu den Radieschenwürfeln geben und untermischen.

3. Schnittlauch abspülen, trocken tupfen und in kleine Röllchen schneiden. Bratenaufschnitt auf einer großen Platte anrichten und mit der Radieschen-Vinaigrette beträufeln. Schnittlauchröllchen und restliche Kresse daraufstreuen.

Tipp: Rinder- und Schweinebratenaufschnitt kann auch durch Kalb- oder Geflügelfleischaufschnitt ersetzt werden.

Austern im Serrano-Mantel

Für Gäste – etwas teurer

12 kleine Spieße

Pro Stück:
E: 2 g, F: 1 g, Kh: 1 g, kJ: 81, kcal: 19

12 Austern
6 Scheiben Serrano-Schinken
1 EL Olivenöl
2 EL Butter
frisch gemahlener Pfeffer

Zum Garnieren:
1 Bio-Zitrone (unbehandelt, ungewachst)
etwas vorbereitete, glatte Petersilie

Außerdem:
12 Holzstäbchen

Zubereitungszeit: 40 Minuten
Garzeit: 3–4 Minuten

1. Die Austern gründlich waschen und mit dem sogenannten Austernbrecher öffnen. Die Austern dazu in die linke Hand nehmen (stark gewölbte Schale nach unten). Den Austernbrecher zwischen die Schalen stecken und leicht auf und ab bewegen. Das Muschelfleisch aus den Schalen lösen.

2. Schinkenscheiben längs halbieren. Die Schinkenstreifen mit je 1 Auster belegen, einwickeln und auf ein Holzstäbchen stecken.

3. Olivenöl in einer Pfanne erhitzen. Butter hinzufügen und aufschäumen lassen. Die eingewickelten Austern darin unter ständigem Rütteln der Pfanne in 3–4 Minuten leicht bräunen, herausnehmen und mit Pfeffer bestreuen.

4. Zum Garnieren Zitrone heiß abwaschen, abtrocknen und vierteln. Die Austernspieße mit Zitronenspalten und Petersilie garniert servieren.

Tipps: Austern müssen beim Einkauf geschlossen sein. Offene Austern wegwerfen.

Blumenkohl mit Räucherlachs, marinierter

Raffiniert

4 Portionen

Pro Portion:
E: 14 g, F: 34 g, Kh: 3 g, kJ: 1564, kcal: 373

1 kleiner Blumenkohl
Salzwasser

Für die Marinade:

2 EL Crème fraîche
1 EL flüssiger Honig
50 ml Balsamico-Essig
100 ml Sonnenblumenöl
Salz, frisch gemahlener Pfeffer

30 g Kapuzinerkresseblätter oder
2 Kästchen Kresse
80 ml Olivenöl
1 Spritzer Zitronensaft
250 g Räucherlachs (in Scheiben)
8 Kapuzinerkresseblüten (unbehandelt)

Zubereitungszeit: 30 Minuten, ohne Marinierzeit

1. Von dem Blumenkohl die Blätter und schlechten Stellen entfernen. Den Strunk abschneiden. Blumenkohl in kleine Röschen teilen, waschen und abtropfen lassen. Salzwasser in einem Topf zum Kochen bringen. Die Blumenkohlröschen hinzufügen, wieder zum Kochen bringen und etwa 5 Minuten kochen lassen. Blumenkohlröschen in ein Sieb geben, mit kaltem Wasser abschrecken und abtropfen lassen.

2. Für die Marinade Crème fraîche mit Honig und Essig in einer Rührschüssel mit Handrührgerät mit Rührbesen oder einem Schneebesen aufschlagen. Sonnenblumenöl nach und nach unterschlagen. Mit Salz und Pfeffer abschmecken. Die Blumenkohlröschen mit der Marinade übergießen, kalt stellen und zugedeckt 30–60 Minuten durchziehen lassen.

3. Kapuzinerkresseblätter oder Kresse abspülen und trocken tupfen. Kresse abschneiden. Kapuzinerkresseblätter oder Kresse mit Olivenöl fein pürieren. Mit Salz und Zitronensaft abschmecken.

4. Die marinierten Blumenkohlröschen etwas abtropfen lassen. Blumenkohlröschen und Räucherlachsscheiben auf je einem Teller anrichten. Kapuzinerblüten vorsichtig abspülen und trocken tupfen. Die Blumenkohlröschen mit den Blüten garnieren. Mit Kapuzinerkresse- oder Kresseöl beträufeln.

Blumenkohltörtchen

Für Gäste

12 Stück

Pro Stück:

E: 6 g, F: 14 g, Kh: 17 g, kJ: 891, kcal: 213

450 g	*TK-Blätterteig (4 Platten)*
1	*kleiner oder ½ Blumenkohl (etwa 500 g)*
	Salzwasser
1	*Zwiebel (etwa 40 g)*
2 EL	*Olivenöl*
1 gestr. EL	*Weizenmehl*
3 EL	*Schlagsahne*
3 EL	*Wasser*
1 Döschen	*Safran (0,2 g)*
100 g	*TK-Erbsen*
	Salz
	Cayennepfeffer
50 g	*Kochschinken (in Scheiben)*
1	*Ei (Größe M)*
30 g	*gestiftelte Mandeln*

Zubereitungszeit: 45 Minuten, ohne Auftau-, Abkühl- und Ruhezeit
Backzeit: 25–30 Minuten

1. Blätterteigplatten nebeneinander zugedeckt nach Packungsanleitung auftauen lassen.

2. Von dem Blumenkohl die Blätter und schlechten Stellen entfernen. Den Strunk abschneiden. Blumenkohl waschen, abtropfen lassen und in Röschen teilen (etwa 350 g). Die Blumenkohlröschen in kochendem Salzwasser etwa 3 Minuten blanchieren, in ein Sieb geben, mit kaltem Wasser übergießen und abtropfen lassen.

3. Zwiebel abziehen und in kleine Würfel schneiden. Olivenöl in einem Topf erhitzen, Zwiebelwürfel darin andünsten und mit Mehl bestäuben. Sahne und Wasser hinzugießen. Die Zutaten zum Kochen bringen, Safran und gefrorene Erbsen hinzugeben, aufkochen lassen. Den Topf von der Kochstelle nehmen. Erbsenmasse mit Salz und Cayennepfeffer würzen, erkalten lassen. Schinken in Streifen schneiden.

4. Den Backofen vorheizen.
Ober-/Unterhitze: etwa 180 °C
Heißluft: etwa 160 °C

5. Blätterteigplatten aufeinanderlegen und auf einer bemehlten Arbeitsfläche zu einem Rechteck (etwa 34 x 45 cm) ausrollen. Teigrechteck etwa 5 Minuten ruhen lassen.

6. Anschließend aus dem Teigrechteck 12 Quadrate (etwa 11 x 11 cm) ausschneiden und in eine Muffinform (für 12 Muffins, Boden jeweils gefettet) legen und leicht andrücken.

7. Ei verschlagen und unter die Erbsenmasse rühren, Blumenkohlröschen unterheben. Die Gemüsemasse auf dem Teig verteilen. Schinkenstreifen darauflegen und mit Mandeln bestreuen. Die Form auf dem Rost in den vorgeheizten Backofen schieben. Die Blumenkohltörtchen 25–30 Minuten backen.

8. Die Blumenkohltörtchen etwa 10 Minuten in der Form stehen lassen, dann aus der Form lösen und auf einen Kuchenrost legen.

Tipp: Die Törtchen vor dem Backen – oder wenn sie frisch aus dem Ofen kommen – mit etwas geriebenem Manchego-Käse bestreuen.

Brandteigkrapfen, pikant gefüllte

Für Gäste

etwa 30 Stück

Pro Stück:
E: 3 g, F: 13 g, Kh: 6 g, kJ: 665, kcal: 159

Für den Brandteig:
250 ml (1/4 l) Wasser
70 g Butter oder Margarine
1 gestr. TL Salz
150 g Weizenmehl
4 Eier (Größe M)

Zum Frittieren:
etwa 1 l Speiseöl

Für die Füllung:
250 g Schlagsahne
400 g Meerrettichquark

Zubereitungszeit: 40 Minuten, ohne Abkühlzeit
Ausbackzeit: etwa 5 Minuten je Portion

1. Für den Teig Wasser mit Butter oder Margarine und Salz am besten in einem Stieltopf zum Kochen bringen. Mehl auf einmal in die von der Kochstelle genommene Flüssigkeit schütten, zu einem Kloß rühren und unter Rühren etwa 1 Minute erhitzen. Den heißen Kloß sofort in eine Schüssel geben.

2. Nach und nach Eier mit Handrührgerät mit Knethaken auf höchster Stufe unterarbeiten. Die Eiermenge hängt von der Beschaffenheit des Teiges ab. Er muss stark glänzen und so von einem Löffel abreißen, dass lange Spitzen hängen bleiben. Teig abkühlen lassen.

3. Zum Frittieren Speiseöl auf 170–180 °C in einem hohen Topf oder in der Fritteuse erhitzen. Mit 2 Esslöffeln mehrere walnussgroße Teighäufchen abstechen und sofort in das siedende Speiseöl geben. (Das Volumen der Krapfen vergrößert sich beim Backen etwa um ein Drittel.)

4. Die Krapfen etwa 5 Minuten unter mehrmaligem Wenden backen. Krapfen mit einer Schaumkelle herausnehmen und auf einem Kuchenrost abtropfen lassen.

5. Für die Füllung Sahne steif schlagen. Quark durchrühren und unter die Sahne heben. Erkaltete Krapfen tief einschneiden und mit etwas Quarksahne füllen.

Brot mit Blauschimmelkäse

Raffiniert – schnell

8 Scheiben

Pro Scheibe:
E: 6 g, F: 8 g, Kh: 13 g, kJ: 606, kcal: 145

4–6 Blätter	*Römersalat oder*
	½ Mini-Roma-Salat
3 Stängel	*glatte Petersilie*
1 EL	*flüssiger Honig*
1 TL	*Sherryessig*
2 EL	*Olivenöl*
	Salz
	frisch gemahlener Pfeffer
8 Scheiben	*Stangenweißbrot oder Baguette (1 ½–2 cm dick)*
150 g	*spanischer Blauschimmelkäse, z. B. Cabrales*
1	*reife Feige*

Zubereitungszeit: 20 Minuten

1. Römersalatblätter putzen, waschen, trocken tupfen und in Streifen schneiden. Oder Roma-Salat putzen und den Strunk entfernen. Die Blätter waschen, trocken tupfen oder trocken schleudern und in Streifen schneiden. Die Petersilie abspülen und trocken tupfen. Die Blättchen von den Stängeln zupfen (einige Blättchen zum Garnieren beiseitelegen). Blättchen klein schneiden.

2. Honig mit Essig in einer Schüssel verrühren. 1 Esslöffel Olivenöl unterschlagen, mit Salz und Pfeffer würzen. Salatblätter und Petersilie untermischen.

3. Die Brotscheiben dünn mit dem restlichen Olivenöl bestreichen und in einer Pfanne von einer Seite goldbraun rösten. Oder die Brotscheiben unter dem vorgeheizten Backofengrill rösten. Brotscheiben etwas abkühlen lassen.

4. Den marinierten Salat in einem Sieb abtropfen lassen und auf den Brotscheiben (geröstete Seite oben) verteilen. Mit je 1 Scheibe Käse belegen.

5. Feige waschen, trocken tupfen und den Stängelansatz entfernen. Feige halbieren und in Scheiben schneiden.

6. Die Brote mit den Feigenscheiben belegen und mit den beiseitegelegten Petersilienblättchen garnieren.

Tipp: Wenn keine frischen Feigen vorhanden sind, können die Brote auch mit Birnenspalten oder entkernten Weintrauben belegt werden.

Brot mit Krabbensalat und Champignons

Für Gäste – schnell

8 Scheiben

Pro Scheibe:
E: 4 g, F: 12 g, Kh: 11 g, kJ: 687, kcal: 163

150 g Champignons
2 EL Olivenöl
Salz
frisch gemahlener Pfeffer
200 g Krabbensalat (aus dem Kühlregal)
2 TL Kapern
1–2 TL Zitronensaft
Cayennepfeffer

8 Scheiben Stangenweißbrot oder Baguette (1 1/2–2 cm dick)

etwas Petersilie oder Basilikum

Zubereitungszeit: 20 Minuten, ohne Abkühlzeit

1. Champignons putzen, mit Küchenpapier abreiben, evtl. kurz abspülen, trocken tupfen und halbieren.

2. Einen Esslöffel Olivenöl in einer Pfanne erhitzen. Die Champignonscheiben darin unter mehrmaligem Wenden anbraten. Mit Salz und Pfeffer bestreuen, weitere etwa 2 Minuten braten. Champignonscheiben erkalten lassen.

3. Krabbensalat in eine Schüssel geben. Die Hälfte der Champignonscheiben und 1 Teelöffel abgetropfte Kapern unterrühren. Dann mit Zitronensaft, Salz und Cayennepfeffer abschmecken.

4. Die Brotscheiben dünn mit dem restlichen Olivenöl bestreichen und in einer beschichteten Pfanne von einer Seite goldbraun rösten. Brotscheiben herausnehmen und etwas abkühlen lassen.

5. Petersilie oder Basilikum abspülen und trocken tupfen. Die Blättchen von den Stängeln zupfen. Blättchen grob zerschneiden.

6. Den Krabbensalat auf den Brotscheiben (geröstete Seite oben) verteilen. Mit den restlichen Champignonscheiben, den restlichen Kapern und Petersilie oder Basilikum garnieren.

Tipp: Der Krabbensalat kann durch Farmersalat oder Waldorfsalat ersetzt werden.

Brot mit Maissalat und Sardine

Für Gäste

8 Scheiben

Pro Scheibe:
E: 7 g, F: 10 g, Kh: 14 g, kJ: 748, kcal: 17

1	*kleine Zwiebel (etwa 40 g)*
1	*Knoblauchzehe*
2 EL	*Olivenöl*
100 g	*TK-Erbsen*
140 g	*Gemüsemais (aus der Dose)*
etwa 90 g	*Sardinenfilets (ohne Haut und Gräten, aus der Dose)*
50 g	*Delikatessmayonnaise (80 % Fett)*
	Salz
	frisch gemahlener Pfeffer
	Paprikapulver rosenscharf
2	*Eier (Größe M)*
8 Scheiben	*Stangenweißbrot oder Baguette (1 1/2–2 cm dick)*

Zubereitungszeit: 40 Minuten, ohne Durchzieh- und Abkühlzeit

1. Zwiebel und Knoblauch abziehen, in kleine Würfel schneiden. 1 Esslöffel Olivenöl in einem Topf erhitzen. Zwiebel- und Knoblauchwürfel hinzugeben und zugedeckt etwa 10 Minuten bei schwacher Hitze dünsten. Die Erbsen hinzufügen und 3–5 Minuten mitdünsten lassen.

2. Mais in ein Sieb geben, abspülen und abtropfen lassen. Sardinenfilets abspülen und mit Küchenpapier trocken tupfen. 8 kleine Sardinenfilets beiseitelegen. Restliche Sardinenfilets klein schneiden und in eine Schüssel geben. Mit Mais, Erbsen und Mayonnaise mischen. Mit Salz, Pfeffer und Paprika würzen. Den Salat etwa 10 Minuten durchziehen lassen.

3. Eier in kochendem Wasser etwa 10 Minuten hart kochen. Eier in kaltem Wasser abschrecken und erkalten lassen.

4. Eier pellen und mit dem Eierschneider in Scheiben schneiden. 8 schöne Eierscheiben halbieren und beiseitelegen. Restliche Eierscheiben klein schneiden und unter den Salat heben.

5. Die Brotscheiben dünn mit dem restlichen Öl bestreichen und in einer beschichteten Pfanne von einer Seite goldbraun rösten. Brotscheiben etwas abkühlen lassen.

6. Den Salat auf den Brotscheiben (geröstete Seite oben) verteilen. Mit den beiseitegelegten Eierscheiben und Sardinenfilets garnieren.

Tipps: Um Kalorien zu sparen, können Sie auch eine Mayonnaise mit weniger Öl verwenden. „Schlanke" Mayonnaisen enthalten meistens mehr Säure und sind nicht so fest. Die Brotscheiben können auch unter dem vorgeheizten Backofengrill geröstet werden.

Calamari, gefüllte

Mit Alkohol

4 Portionen

Pro Portion:
E: 23 g, F: 40 g, Kh: 23 g, kJ: 2340, kcal: 559

400 g TK-Calamarituben oder 600 g küchenfertige kleine Calamarituben
3 Schalotten
2 Knoblauchzehen
1 Bund glatte Petersilie
1 Bio-Zitrone (unbehandelt, ungewachst)
100 ml Olivenöl
6 EL Semmelbrösel
Salz
frisch gemahlener Pfeffer

2 EL Olivenöl
2 EL Butter
100 ml Fischfond oder Gemüsebrühe
50 ml Noilly Prat (Wermut) oder Ricard (Anisschnaps)

Zitronenspalten von
1 Bio-Zitrone (unbehandelt, ungewachst)
etwas vorbereitete, glatte Petersilie

Außerdem:
Holzstäbchen

Zubereitungszeit: 60 Minuten, ohne Auftauzeit
Garzeit: TK-Calamari 10–12 Minuten, frische Calamari 6–8 Minuten

1. TK-Calamarituben nach Packungsanleitung auftauen lassen. Calamarituben unter fließendem kalten Wasser abspülen und trocken tupfen.

2. Die Schalotten und Knoblauch abziehen, in kleine Würfel schneiden. Petersilie abspülen und trocken tupfen. Die Blättchen von den Stängeln zupfen. Blättchen klein schneiden. Zitrone heiß abwaschen und abtrocknen. Die Schale mit einem Zestenreißer abschälen oder die Schale mit einer kleinen Reibe abreiben. Zitrone halbieren und den Saft auspressen.

3. 100 ml Olivenöl in einer Pfanne erhitzen. Schalotten- und Knoblauchwürfel darin andünsten. Semmelbrösel hinzufügen und unter Rühren 2–3 Minuten mitdünsten lassen. Petersilie und Zitronenschale hinzufügen. Mit Salz, Pfeffer und Zitronensaft abschmecken. Die Masse mit einem Teelöffel in die Calamarituben füllen und die Öffnung mit Holzstäbchen schließen.

4. Das Olivenöl mit Butter in einem Topf erhitzen. Die Calamarituben hineingeben und von allen Seiten anbraten. Fischfond oder Brühe und Noilly Prat oder Ricard hinzugießen, zum Kochen bringen. Frische Calamarituben zugedeckt in 6–8 Minuten (TK-Calamarituben in 10–12 Minuten) weich schmoren lassen. Calamarituben mit dem Sud auf einer Platte anrichten. Mit Zitronenspalten und Petersilie garniert servieren.

Carpaccio Klassisch

3–4 Portionen

Pro Portion:
E: 40 g, F: 34 g, Kh: 2 g, kJ: 1998, kcal: 477

300 g Rinderfilet
125 ml (1/8 l) Olivenöl
4 EL Zitronensaft
300 g Parmesan-Käse
Salz, frisch gemahlener Pfeffer

Zum Garnieren:
1 Bio-Zitrone (unbehandelt, ungewachst)
etwas Rucola (Rauke)

Zubereitungszeit: 25 Minuten, ohne Durchziehzeit

1. Filet mit Küchenpapier trocken tupfen. Das Filet in Frischhaltefolie wickeln und im Gefrierschrank leicht anfrieren lassen.

2. Das angefrorene Filetstück mit einem scharfen Messer oder einem elektrischen Allesschneider in hauchdünne Scheiben schneiden.

3. Filetscheiben dachziegelartig auf einer mit Olivenöl bestrichenen Platte anrichten.

4. Zitronensaft und restliches Olivenöl auf die Filetscheiben träufeln und mindestens 2 Stunden durchziehen lassen.

5. Parmesan-Käse in sehr dünne Scheibchen hobeln. Die Filetscheiben damit belegen. Mit Salz und Pfeffer bestreuen.

6. Zum Garnieren Zitrone heiß abwaschen, abtrocknen und in Spalten schneiden. Rucola putzen und die dicken Stiele herausschneiden. Rucola abspülen und trocken tupfen. Carpaccio mit Zitronenspalten und Rucola garniert servieren.

Beilage: Ciabatta.

Carpaccio von Manchego-Käse mit Paprika

Raffiniert

4 Portionen

Pro Portion:
E: 24 g, F: 34 g, Kh: 8 g, kJ: 1826, kcal: 436

2	*rote Paprikaschoten*
40 g	*kleine Kapernäpfel oder Kapern*
1	*Bio-Zitrone (unbehandelt, ungewachst)*
3 Stängel	*glatte Petersilie*
1	*Knoblauchzehe*
4 EL	*Olivenöl*
1 Prise	*Zucker*
	Salz
	frisch gemahlener Pfeffer
250–300 g	*Manchego-Käse (am Stück)*

Zubereitungszeit: 30 Minuten, ohne Durchziehzeit
Backzeit: etwa 15 Minuten

1. Den Backofen vorheizen.
Ober-/Unterhitze: etwa 220 °C
Heißluft: etwa 200 °C

2. Paprikaschoten halbieren, entstielen, entkernen und die weißen Scheidewände entfernen. Schotenhälften waschen, abtropfen lassen und mit der Hautseite nach oben auf ein Backblech (gefettet) legen.

3. Das Backblech in den vorgeheizten Backofen schieben. Die Paprikahälften etwa 15 Minuten rösten (die Haut der Paprika muss Blasen werfen und leicht schwarz werden).

4. Das Backblech auf einen Rost stellen. Die Paprikaschoten sofort mit einem feuchten Geschirrtuch belegen. Schotenhälften enthäuten und in Streifen schneiden.

5. Die Kapernäpfel oder Kapern in ein Sieb geben, abspülen und gut abtropfen lassen. Einige Kapernäpfel oder Kapern zum Garnieren beiseitelegen. Restliche Kapernäpfel oder Kapern fein hacken. Zitrone heiß abwaschen, abtrocknen und die Schale abreiben. Zitrone halbieren und den Saft auspressen.

6. Petersilie abspülen und trocken tupfen. Die Blättchen von den Stängeln zupfen. Blättchen klein schneiden. Knoblauch abziehen und durch eine Knoblauchpresse drücken.

7. Zitronensaft mit -schale, Petersilie, Knoblauch und Kapernäpfeln oder Kapern verrühren. Olivenöl unterschlagen, mit Zucker, Salz und Pfeffer würzen. Die Marinade mit den Paprikastreifen in einer Schüssel vermischen und etwas durchziehen lassen.

8. Manchego-Käse mit dem Käsehobel oder einer Aufschnittmaschine in hauchdünne Scheiben schneiden. 4 Teller oder eine größere Platte mit den Käsescheiben belegen.

9. Paprikastreifen etwas abtropfen lassen und gitterartig auf die Käsescheiben legen. Mit abgetropfter Marinade beträufeln. Carpaccio mit Pfeffer bestreuen und mit den beiseitegelegten Kapernäpfeln oder Kapern garniert servieren.

Carpaccio von Zucchini mit Gorgonzola-Creme

Vegetarisch

4 Portionen

Pro Portion:
E: 13 g, F: 45 g, Kh: 10 g, kJ: 2064, kcal: 496

Für die Gorgonzola-Creme:

1	*Schalotte oder kleine Zwiebel*
½ Bund	*Suppengrün (Möhre, Porree [Lauch], Sellerie, etwa 150 g)*
1	*Tomate*
6 Stängel	*frische Kräuter, z. B. Kerbel, Dill, Petersilie, Schnittlauch*
120 g	*Gorgonzola-Käse*
300 g	*Crème fraîche*
2	*kleine Zucchini (je etwa 200 g)*
	Meersalz
2–3 EL	*Zitronensaft*
1–2 EL	*Olivenöl*
etwa 10	*blaue Weintrauben*
je 2 EL	*geröstete, gehackte Walnuss- und Pinienkerne*
einige	*vorbereitete Petersilienblättchen*

Zubereitungszeit: 45 Minuten

1. Für die Creme Schalotte oder Zwiebel abziehen und in kleine Würfel schneiden. Suppengrün putzen, evtl. schälen, abspülen, abtropfen lassen und ebenfalls in kleine Würfel schneiden. Tomate abspülen, trocken tupfen, kreuzweise einschneiden, kurz in kochendes Wasser legen und in kaltem Wasser abschrecken. Die Tomate enthäuten, halbieren, entkernen und den Stängelansatz herausschneiden. Tomatenhälften in kleine Würfel schneiden und beiseitelegen.

2. Die Kräuter abspülen und trocken tupfen. Von dem Kerbel und der Petersilie die Blättchen von den Stängeln zupfen. Blättchen klein schneiden. Von dem Dill die Spitzen von den Stängeln zupfen. Die Spitzen klein schneiden. Schnittlauch in kleine Röllchen schneiden.

3. Gorgonzola in eine Schüssel geben und mit einer Gabel zerdrücken. Vorbereitete Kräuter, Schalotten- oder Zwiebelwürfel und Suppengrünwürfel untermengen. Crème fraîche unterrühren. Die Creme mit Pfeffer abschmecken.

4. Zucchini waschen, abtrocknen und die Enden abschneiden. Zucchini in dünne Scheiben schneiden oder hobeln. Zucchinischeiben auf einer Platte zu einer großen Blüte legen. Meersalz mit Pfeffer, Zitronensaft und Olivenöl verrühren. Die Zucchinischeiben damit bestreichen.

5. In die Mitte der Blüte 2 Esslöffel der Käsecreme geben. Weintrauben abspülen, trocken tupfen und um die Creme legen. Mit einigen gehackten Pinien-, Walnusskernen und beiseitegelegten Tomatenwürfeln bestreuen. Nach Belieben mit Petersilienblättchen garnieren.

6. Restliche Creme mit restlichen Pinien-, Walnusskernen und Tomatenwürfeln bestreuen, mit Petersilienblättchen garnieren und zum Carpaccio reichen.

Tipps: Dazu passt frisches Ciabatta und ein fruchtiger, trockener Weißwein. Gewürfelte Schalotte oder Zwiebel und gewürfeltes Suppengrün etwa 5 Minuten in etwas Gemüsebrühe dünsten, abkühlen lassen und zur Creme geben.

Ceviche von Lachs und Zander

Raffiniert

2 Portionen

Pro Portion:
E: 38 g, F: 17 g, Kh: 3 g, kJ: 1345, kcal: 321

200 g	*frisches Lachsfilet (ohne Haut und Gräten)*
200 g	*frisches Zanderfilet (ohne Haut und Gräten)*
2	*Bio-Limetten (unbehandelt, ungewachst)*
3	*Limetten*
½ gestr. TL	*Salz*
1	*große, rote Chilischote*
2	*dünne Frühlingszwiebeln*
2 EL	*Olivenöl*
	Salz
	frisch gemahlener Pfeffer
6 Stängel	*Koriander*

Zubereitungszeit: 30 Minuten, ohne Marinierzeit

1. Lachs- und Zanderfilet unter fließendem kalten Wasser abspülen, trocken tupfen und in gleich große Stücke (etwa 2 x 1 cm) schneiden. Die Fischstücke in eine flache Schale legen.

2. Die Bio-Limetten heiß abwaschen und abtrocknen. Die Schale mit einem Zestenreißer abziehen oder die Schale mit einer kleinen Reibe abreiben. Alle Limetten (5 Stück) halbieren und den Saft auspressen. Limettensaft mit Salz verrühren und auf den Fischstücken verteilen. Fischstücke mit Klarsichtfolie abdecken und etwa 4 Stunden im Kühlschrank marinieren.

3. Die marinierten Fischstücke in einem Sieb abtropfen lassen. Die angesammelte Flüssigkeit weggießen.

4. Chili abspülen, trocken tupfen, längs halbieren und entkernen. Chilihälften in sehr kleine Würfel schneiden. Frühlingszwiebeln putzen, waschen, abtropfen lassen und in feine Ringe schneiden.

5. Olivenöl mit Chiliwürfeln, Frühlingszwiebelringen und Limettenschale in einer Schüssel verrühren. Fischstücke hinzugeben und gut untermischen. Mit Salz und Pfeffer abschmecken.

6. Koriander abspülen und trocken tupfen. Die Blättchen von den Stängeln zupfen. Ceviche mit Korianderblättchen garniert sofort servieren.

Tipps: Zander ist ein Süßwasserfisch, der weißes, zartes und wohlschmeckendes Fleisch besitzt. Größere Fische eignen sich zum Füllen, Fischfilets zum Dünsten, Braten oder Grillen.

Champignonköpfe, gefüllte

Vegetarisch

12 Stück

Pro Stück:

E: 7 g, F: 17 g, Kh: 2 g, kJ: 789, kcal: 189

12	*große, weiße oder rosa Champignons (etwa 600 g)*
1	*Zwiebel*
2	*Knoblauchzehen*
500 g	*Mangold*
70 g	*Pinienkerne*
2	*Fleischtomaten (etwa 300 g)*
100 ml	*Rapsöl*
40 g	*Butter*
	Salz
	frisch gemahlener Pfeffer
	frisch geriebene Muskatnuss
100 g	*frisch geriebener Parmesan-Käse*

Zubereitungszeit: 60 Minuten
Garzeit: etwa 15 Minuten

1. Champignons putzen, mit Küchenpapier abreiben, evtl. abspülen und trocken tupfen. Die Stiele herausdrehen und klein schneiden. Zwiebel und Knoblauch abziehen, in kleine Würfel schneiden.

2. Mangold putzen (evtl. dabei die großen Blattstiele entfernen). Mangold gründlich waschen, abtropfen lassen und klein schneiden. Die Pinienkerne in einer Pfanne ohne Fett unter Rühren hellbraun rösten, herausnehmen und beiseitestellen. Tomaten abspülen, trocken tupfen, vierteln, entkernen und die Stängelansätze herausschneiden. Tomatenviertel in kleine Würfel schneiden.

3. Rapsöl in einer Pfanne erhitzen. Knoblauchwürfel darin andünsten. Champignons hinzugeben und unter Wenden anbraten. Champignons aus der Pfanne nehmen und beiseitestellen.

4. Den Backofen vorheizen.
Ober-/Unterhitze: etwa 200 °C
Heißluft: etwa 180 °C

5. Butter in einer großen Pfanne oder einem Topf zerlassen. Zwiebelwürfel darin glasig dünsten. Mangold und die klein geschnittenen Champignonstiele hinzugeben, unter gelegentlichem Rühren etwa 5 Minuten mitdünsten lassen. Mit Salz, Pfeffer und Muskat würzen. Knoblauchöl aus der Pfanne unterrühren.

6. Die beiseitegestellten Champignonköpfe mit Salz und Pfeffer würzen und mit der Gemüsemasse füllen. Champignonköpfe in eine flache Auflaufform (gefettet) setzen. Tomatenwürfel und Pinienkerne darauf verteilen. Mit Käse bestreuen. Die Form auf dem Rost in den vorgeheizten Backofen schieben. Die Champignonköpfe etwa 15 Minuten garen.

Tipp: Champignonköpfe als Vorspeise für 4–6 Personen oder als Beilage zu gebratenen Geflügelgerichten reichen.

Champignons mit Schinken, gefüllte

Preiswert

12 Stück

Pro Stück:
E: 6 g, F: 9 g, Kh: 3 g, kJ: 498, kcal: 119

12 große, weiße Champignons (etwa 800 g)

Für die Füllung:

1 Schalotte
120 g Parmaschinken
½ Bund glatte Petersilie
3 Scheiben Toastbrot
60 g Butter
4 EL Olivenöl
Salz
frisch gemahlener Pfeffer

20 g Butter
1 Ei (Größe M)
2 EL Olivenöl

Zum Garnieren:

2 Tomaten

Zubereitungszeit: 45 Minuten
Garzeit: 15–20 Minuten

1. Champignons putzen, mit Küchenpapier abreiben, evtl. abspülen und trocken tupfen. Die Stiele herausdrehen und die Köpfe etwas aushöhlen. Stiele und ausgehöhltes Champignonfleisch in kleine Würfel schneiden.

2. Für die Füllung Schalotte abziehen und in kleine Würfel schneiden. Schinken in etwa 2 cm lange, feine Streifen schneiden. Petersilie abspülen und trocken tupfen. Die Blättchen von den Stängeln zupfen. Blättchen klein schneiden. Toastbrotscheiben entrinden und in kleine Würfel schneiden.

3. Butter in einer Pfanne zerlassen. Toastbrotwürfel darin von allen Seiten goldgelb rösten, herausnehmen und beiseitestellen.

4. Den Backofen vorheizen.
Ober-/Unterhitze: etwa 180 °C
Heißluft: etwa 160 °C

5. Olivenöl in einer Pfanne erhitzen. Champignonköpfe darin leicht anbraten, mit Salz und Pfeffer würzen. Champignonköpfe herausnehmen und in eine flache Auflaufform (gefettet) setzen.

6. Die Butter in einem Topf zerlassen. Champignon-, Schalottenwürfel und Schinkenstreifen darin unter Wenden andünsten. Petersilie, Toastbrotwürfel und Ei unterrühren. Mit Salz und Pfeffer würzen. Die Masse in den ausgehöhlten Champignonköpfen verteilen und mit Olivenöl beträufeln. Die Form auf dem Rost in den vorgeheizten Backofen schieben. Die gefüllten Champignons 15–20 Minuten garen.

7. Zum Garnieren Tomaten abspülen, trocken tupfen, halbieren, entkernen und die Stängelansätze herausschneiden. Tomatenhälften in kleine Würfel schneiden. Die gefüllten Champignons mit Tomatenwürfen garniert servieren.

Chorizo-Spießchen, würzige

Raffiniert

8 Portionen

Pro Portion:

E: 18 g, F: 32 g, Kh: 25 g, kJ: 1945, kcal: 465

1 schmales Baguette (etwa 350 g)
1 kleinen Lollo bionda (etwa 200 g)
4 EL Olivenöl
480 g Chorizo-Wurst (spanische Paprikawurst, 12 Scheiben)
frisch gemahlener Pfeffer
2 rote Zwiebeln (etwa 100 g)
16 große, mit Paprika gefüllte, grüne Oliven (etwa 160 g)
1 Bund Majoran

Außerdem:

16 kleine Holzstäbchen

Zubereitungszeit: 45 Minuten

1. Baguette in 16 Scheiben (je etwa 20 g) schneiden. Den Lollo bionda putzen und von schlechten Blättern befreien. Lollo bionda waschen, trocken tupfen oder trocken schleudern.

2. Olivenöl in einer großen Pfanne erhitzen. Baguette- und Wurstscheiben darin portionsweise von beiden Seiten leicht anbraten, herausnehmen und mit Pfeffer bestreuen. Zwiebeln abziehen, zuerst quer in Scheiben schneiden, dann in Ringe teilen.

3. Die Baguettescheiben zuerst mit je 1 Salatblatt, dann mit 1 Wurstscheibe, Zwiebelringen und zuletzt mit 1 Olive belegen. Jeweils alles mit einem Holzstäbchen feststecken.

4. Majoran abspülen und trocken tupfen. Die Blättchen von den Stängeln zupfen. Die Spießchen auf einer Platte anrichten und mit Majoran garnieren.

Crostini mit Geflügelleber-/Tomaten-/Olivencreme

Mit Alkohol – für Gäste

24 Stück

Insgesamt:
E: 28 g, F: 60 g, Kh: 69 g, kJ: 3978, kcal: 949

Für die Geflügellebercreme:

1 kleine Knoblauchzehe
1 kleine Zwiebel
2 EL Olivenöl
2 EL Butter
300 g Geflügelleber
1 EL abgetropfte Kapern
1 EL Tomatenmark
100 ml Weißwein
Salz
frisch gemahlener, schwarzer Pfeffer
1 EL fein gehackte Petersilie

Für die Tomatencreme:

2 große Fleischtomaten
2 Knoblauchzehen
2 EL Olivenöl
½ Bund Basilikum
Salz
frisch gemahlener, schwarzer Pfeffer

Für die Olivencreme:

3 Knoblauchzehen
300 g entsteinte, schwarze Oliven
5 Sardellenfilets (aus dem Glas)
2 EL abgetropfte Kapern
4 EL Olivenöl
frisch gemahlener, schwarzer Pfeffer

24 kleine Scheiben weißes, geröstetes Landbrot

Nach Belieben:

Kräuterschinken oder Speck

Zubereitungszeit: 60 Minuten

1. Für die Geflügellebercreme Knoblauch und Zwiebel abziehen. Olivenöl in einer Pfanne erhitzen. Die Butter darin zerlassen. Knoblauch und Zwiebel darin andünsten. Geflügelleber unter fließendem kalten Wasser abspülen, trocken tupfen, evtl. Sehnen entfernen. Die Geflügelleber klein schneiden und hinzugeben.

2. Kapern fein hacken, mit dem Tomatenmark zu der Geflügelleber geben und unter mehrmaligem Wenden etwa 5 Minuten garen. Leber herausnehmen.

3. Wein in die Pfanne gießen, zum Kochen bringen und unter Rühren bei mittlerer Hitze einkochen lassen. Mit Salz und Pfeffer würzen. Petersilie und die Leber unterrühren. Die Masse erkalten lassen.

4. Für die Tomatencreme die Tomaten abspülen, trocken tupfen, kreuzweise einschneiden, kurz in kochendes Wasser legen und in kaltem Wasser abschrecken. Tomaten enthäuten, halbieren, entkernen und die Stängelansätze herausschneiden. Tomatenhälften in Würfel schneiden und in eine Schüssel geben.

5. Den Knoblauch abziehen, durch eine Knoblauchpresse drücken und zu den Tomatenwürfeln geben. Mit Olivenöl beträufeln und vorsichtig mischen.

6. Basilikum abspülen und trocken tupfen. Die Blättchen von den Stängeln zupfen. Blättchen klein schneiden und unter die Tomatenwürfel heben. Mit Salz und Pfeffer würzen.

7. Für die Olivencreme Knoblauch abziehen. Knoblauch, Oliven, Sardellenfilets, Kapern und Olivenöl in einen hohen Rührbecher geben und mit einem Stabmixer pürieren. Mit Pfeffer abschmecken.

8. Jeweils 8 Brotscheiben mit je einer Creme bestreichen. Nach Belieben die mit Olivencreme bestrichenen Brotscheiben mit ganz dünn geschnittenem Kräuterschinken oder Speck belegen.

Tipp: Zum Rösten der Brotscheiben etwas Olivenöl in einer Pfanne erhitzen. Die Brotscheiben darin von beiden Seiten anrösten.

Crostini mit Gemüse Einfach

10–12 Stück

Pro Stück:
E: 2 g, F: 7 g, Kh: 11 g, kJ: 482, kcal: 115

je 1	*kleine Aubergine und Zucchini (je etwa 200 g)*
1	*Zwiebel*
2	*Knoblauchzehen*
4–5 EL	*Olivenöl*
2	*Flaschentomaten*
1 Zweig	*Rosmarin*
einige Stängel	*Thymian*
	Salz
	frisch gemahlener Pfeffer
1	*kleines Baguette*
3 EL	*Olivenöl*

Zubereitungszeit: 30 Minuten

1. Aubergine und Zucchini waschen, abtrocknen und den Stängelansatz bzw. die Enden abschneiden. Aubergine und Zucchini in etwa 1 cm große Würfel schneiden.

2. Zwiebel und Knoblauch abziehen, in kleine Würfel schneiden. Das Olivenöl in einer Pfanne erhitzen. Die Zwiebel- und Knoblauchwürfel darin andünsten. Die Auberginen- und Zucchiniwürfel hinzufügen, kurz anbraten und unter gelegentlichem Rühren etwa 5 Minuten garen.

3. Tomaten abspülen, trocken tupfen, kreuzweise einschneiden, kurz in kochendes Wasser legen und in kaltem Wasser abschrecken. Tomaten enthäuten, halbieren, entkernen und die Stängelansätze herausschneiden. Tomatenhälften in kleine Würfel schneiden und unter die Gemüsewürfel heben.

4. Rosmarin und Thymian abspülen und trocken tupfen. Die Nadeln bzw. Blättchen von den Stängeln zupfen. Nadeln und Blättchen klein schneiden und ebenfalls unter die Gemüsewürfel rühren. Mit Salz und Pfeffer würzen.

5. Baguette in 10–12 Scheiben schneiden. Olivenöl in einer großen Pfanne erhitzen. Die Baguettescheiben, evtl. portionsweise, darin von beiden Seiten knusprig braten.

6. Baguettescheiben herausnehmen. Das Gemüse auf den Brotscheiben verteilen und mit einer Gabel etwas andrücken.

Tipp: Die Gemüse-Crostini schmecken warm am besten, können aber auch kalt serviert werden.

Crostini mit rohem Schinken

Etwas teurer

4 Portionen

Pro Portion:

E: 27 g, F: 23 g, Kh: 64 g, kJ: 2399, kcal: 572

4	*Fleischtomaten (etwa 600 g)*
1	*Zwiebelbaguette oder Ciabatta oder Bauernbrot (etwa 500 g, etwa 6 Scheiben pro Portion)*
6–8 EL	*Olivenöl*
2	*Knoblauchzehen*
360 g	*Parma- oder Serrano-Schinken (in Scheiben)*
	Salz
	frisch gemahlener Pfeffer
1 kleines Bund	*oder 1/2 Topf Basilikum*

Zubereitungszeit: 30 Minuten

1. Tomaten abspülen, trocken tupfen, kreuzweise einschneiden, kurz in kochendes Wasser legen und in kaltem Wasser abschrecken. Tomaten enthäuten, halbieren, entkernen und die Stängelansätze herausschneiden. Tomatenhälften in Würfel schneiden.

2. Brot in dünne Scheiben schneiden. Jeweils etwas Olivenöl in einer Pfanne erhitzen. Die Brotscheiben darin in mehreren Portionen von beiden Seiten hellbraun rösten und herausnehmen.

3. Knoblauch abziehen, in dünne Scheiben schneiden und in dem verbliebenen Olivenöl andünsten.

4. Schinkenscheiben dritteln. Die gerösteten Brotscheiben damit belegen. Tomatenwürfel darauf verteilen. Mit Salz und Pfeffer bestreuen. Brotscheiben auf einer Platte anrichten.

5. Basilikum abspülen und trocken tupfen. Die Blättchen von den Stängeln zupfen. Die Brotscheiben mit Knoblauchscheiben und Basilikumblättchen garniert servieren.

Datteln mit Käse im Schinkenmantel

Schnell

24 Stück

Pro Stück:

E: 3 g, F: 3 g, Kh: 10 g, kJ: 322, kcal: 77

24	*frische Datteln*
1 Scheibe	*Manchego-Käse (100 g)*
24	*abgezogene, ganze Mandeln*
12 dünne Scheiben	*Serrano-Schinken*
8 Blätter	*Kopfsalat*

Zubereitungszeit: 20 Minuten, ohne Abkühlzeit
Backzeit: etwa 6 Minuten

1. Den Backofen vorheizen.
Ober-/Unterhitze: etwa 240 °C
Heißluft: etwa 220 °C

2. Datteln abspülen, abtropfen lassen und die harte Schale abziehen. Die Datteln an der „Naht" aufschlitzen und entkernen.

3. Käse in 24 Stifte schneiden, die der Länge der Dattelkerne entsprechen. Die Datteln jeweils mit 1 Käsestift und je 1 Mandel füllen.

4. Schinkenscheiben längs halbieren. Die Datteln mit je 1 halbierten Schinkenscheibe umwickeln.

5. Die Datteln mit der Nahtseite nach unten auf ein Backblech (mit Alufolie belegt) legen und in den vorgeheizten Backofen schieben. Die Datteln in etwa 6 Minuten knusprig braun backen.

6. Die Datteln vom Backblech nehmen und abkühlen lassen.

7. Salatblätter abspülen und trocken tupfen. Eine Platte mit den Salatblättern auslegen. Die Datteln darauf anrichten.

Dicke Bohnen Raffiniert

4 Portionen

Pro Portion:
E: 16 g, F: 7 g, Kh: 14 g, kJ: 755, kcal: 180

2 Zwiebeln (etwa 100 g)
1–2 Knoblauchzehen
6 Stängel Majoran oder
1/2 TL gerebelter Majoran
2 EL Olivenöl
1 Lorbeerblatt
425 g dicke Bohnen (aus dem Glas)
4 EL Gemüsebrühe
Salz
frisch gemahlener Pfeffer
1 Msp. gemahlener Kreuzkümmel (Cumin)
1–2 TL Zitronensaft
70 g luftgetrockneter Schinken, z. B. Serrano-Schinken

Zubereitungszeit: 25 Minuten

1. Zwiebeln und Knoblauch abziehen. Die Zwiebeln halbieren und in Spalten, den Knoblauch in Scheiben schneiden. Majoran abspülen und trocken tupfen. Die Blättchen von den Stängeln zupfen (einige Blättchen zum Garnieren beiseitelegen).

2. Olivenöl in einem Topf erhitzen. Zwiebelspalten, Knoblauchscheiben, Majoran und Lorbeerblatt hinzufügen. Die Zutaten zugedeckt etwa 10 Minuten dünsten.

3. Bohnen in ein Sieb geben, abspülen und abtropfen lassen. Bohnen und Brühe zu der Zwiebelmasse geben, etwa 5 Minuten erhitzen. Mit Salz, Pfeffer, Kreuzkümmel und Zitronensaft würzen. Den Topf von der Kochstelle nehmen.

4. Den Schinken in Streifen schneiden und unter die Bohnen mischen. Dicke Bohnen heiß oder kalt mit den beiseitegelegten Majoranblättchen bestreut servieren.

Beilage: Ofenfrisches Baguette.

Tipps: Statt dicke grüne Bohnen können Sie auch weiße Bohnen verwenden. Wenn Sie TK-Grüne Bohnen verwenden möchten, dünsten Sie die Bohnen zusammen mit den Zwiebeln und fügen noch zusätzlich 6 Esslöffel Gemüsebrühe hinzu.

Dolmadakia

Gut vorzubereiten – für Gäste

4–6 Portionen

Pro Portion:
E: 19 g, F: 10 g, Kh: 21 g, kJ: 1072, kcal: 256

200 g	*eingelegte Weinblätter*
100 g	*Zwiebeln*
2 EL	*Speiseöl*
400 g	*Kalbshackfleisch (ersatzweise Rinderhackfleisch)*
125 g	*Rundkornreis*
375 ml (3/8 l)	*Salzwasser*
1/2 EL	*klein geschnittene Minzeblättchen*
1 EL	*gehackte Petersilie*
	gemahlener Zimt
	Salz
	frisch gemahlener Pfeffer
	Saft von
1	*Zitrone*
500–750 ml (1/2–3/4 l)	*Hühnerbrühe*

Zubereitungszeit: 50 Minuten
Garzeit: etwa 30 Minuten

1. Weinblätter vorsichtig auseinanderfalten, unter fließendem kaltem Wasser abspülen, trocken tupfen und auf einer Arbeitsfläche ausbreiten.

2. Die Zwiebeln abziehen und in sehr kleine Würfel schneiden. Speiseöl in einer Pfanne erhitzen. Zwiebelwürfel darin glasig dünsten. Hackfleisch hinzufügen und kurz mit andünsten, dabei die Fleischklümpchen mit einer Gabel zerdrücken. Die Hackfleischmasse in eine Schüssel geben.

3. Reis in kochendes Salzwasser geben, zugedeckt zum Kochen bringen und nach Packungsanleitung garen. Reis in ein Sieb geben, mit kaltem Wasser übergießen, abtropfen lassen und zur Hackfleischmasse geben. Minze und Petersilie hinzufügen. Die Zutaten gut vermengen, evtl. verkneten. Mit Zimt, Salz, Pfeffer und etwas Zitronensaft abschmecken.

4. Jeweils 1 Esslöffel der Hackfleisch-Reis-Masse auf ein Weinblatt geben, die Ränder überschlagen und das Blatt aufrollen.

5. Einen Topf mit den restlichen Weinblättern auslegen. Die Röllchen mit der Nahtseite nach unten einschichten. So viel Hühnerbrühe hinzugießen, dass die Röllchen knapp bedeckt sind. Restlichen Zitronensaft daraufträufeln, zum Kochen bringen und zugedeckt etwa 30 Minuten bei schwacher Hitze garen. Dolmadakia in dem Topf erkalten lassen, herausnehmen und servieren.

Elsässer Schnecken Für Gäste

4 Portionen

Pro Portion:
E: 6 g, F: 26 g, Kh: 1 g, kJ: 1105, kcal: 264

24 Schnecken (aus der Dose, mit Schneckenhäusern)

1 Knoblauchzehe
2 Schalotten oder 1 Zwiebel
1 Bund Petersilie
125 g weiche Butter
Salz
frisch gemahlener Pfeffer

Außerdem:
4 Schneckenpfännchen

Zubereitungszeit: 30 Minuten
Backzeit: 5–6 Minuten

1. Den Backofen vorheizen.
Ober-/Unterhitze: etwa 200 °C
Heißluft: etwa 180 °C

2. Schnecken aus der Dose mit dem Schneckensud in die Schneckenhäuser füllen und in 4 Schneckenpfännchen verteilen.

3. Knoblauch und Schalotten oder Zwiebel abziehen. Den Knoblauch durch eine Knoblauchpresse drücken. Schalotten oder Zwiebel in sehr kleine Würfel schneiden. Die Petersilie abspülen und trocken tupfen. Die Blättchen von den Stängeln zupfen. Blättchen klein schneiden.

4. Butter in eine kleine Schüssel geben. Knoblauch, Schalotten- oder Zwiebelwürfel und Petersilie untermischen. Mit Salz und Pfeffer würzen.

5. Die Schneckenhäuser bis zum Rand mit der Kräuterbutter füllen. Die Schneckenpfännchen auf einem Backofenrost verteilen. Die Pfännchen auf dem Rost in den vorgeheizten Backofen schieben. Die Schnecken 5–6 Minuten überbacken.

6. Die Elsässer Schnecken in den Schneckenpfännchen servieren.

Beilage: Stangenweißbrot.

Empanada mit Schweinefilet

Etwas Besonderes – für Gäste

4 Portionen

Pro Portion:
E: 21 g, F: 31 g, Kh: 49 g, kJ: 2364, kcal: 565

Für die Füllung:

2 Strauchtomaten (etwa 70 g)
2 Zwiebeln
1–2 Knoblauchzehen
1 gelbe Paprikaschote
150 g Schweinefilet
1 Scheibe Kochschinken (etwa 50 g)
2 EL Olivenöl
Salz
frisch gemahlener Pfeffer
3 EL Tomatenmark
2 TL Kapern
Paprikapulver rosenscharf

Für den Knetteig:

200 g Weizenmehl
Salz
1 EL flüssiger Honig
1 Ei (Größe M)
1 EL kaltes Wasser
4 EL Olivenöl
50 g Butter

Zum Bestreichen:

1 Eigelb
1 EL Wasser

Zum Garnieren:

evtl. Petersilienblättchen

Zubereitungszeit: 45 Minuten
Backzeit: 25–30 Minuten

1. Für die Füllung Tomaten abspülen, trocken tupfen, vierteln, entkernen und die Stängelansätze herausschneiden. Tomatenviertel in kleine Stücke schneiden. Zwiebeln und Knoblauch abziehen, klein würfeln. Die Paprikaschote halbieren, entstielen, entkernen und die weißen Scheidewände entfernen. Schotenhälften waschen, trocken tupfen und in kleine Würfel schneiden.

2. Schweinefilet mit Küchenpapier trocken tupfen und in Streifen schneiden. Kochschinken klein würfeln.

3. Einen Esslöffel Olivenöl in einer Pfanne erhitzen. Die Fleischstreifen darin von allen Seiten anbraten. Mit Salz und Pfeffer würzen. Fleischstreifen aus der Pfanne nehmen.

4. Restliches Olivenöl in der Pfanne erhitzen. Zwiebel-, Knoblauch- und Paprikawürfel hinzugeben und etwa 5 Minuten bei mittlerer Hitze unter Rühren dünsten. Tomatenmark, abgetropfte Kapern, Schinkenwürfel und Tomatenstücke hinzufügen, unter Rühren zum Kochen bringen. Mit Salz, Pfeffer und Paprika würzen. Den Topf von der Kochstelle nehmen. Masse abkühlen lassen.

5. Für den Teig Mehl in eine Rührschüssel geben und in die Mitte eine Vertiefung drücken. Salz, Honig, Ei, Wasser und Olivenöl verschlagen, in die Vertiefung geben. Butterflöckchen auf den Mehlrand geben. Die Zutaten zunächst mit Handrührgerät mit Knethaken, dann mit den Händen zu einem glatten Teig verkneten.

6. Den Backofen vorheizen.
Ober-/Unterhitze: etwa 200 °C
Heißluft: etwa 180 °C

7. Zwei Drittel des Teiges auf einer leicht bemehlten Arbeitsfläche zu einer runden Platte (Ø 26 cm) ausrollen und in eine Tarteform (Ø 20–22 cm, Boden gefettet) legen. Teigboden mehrmals mit einer Gabel einstechen. Die Gemüse-Schinken-Masse auf den Teig geben, Schweinefiletstreifen darauf verteilen. Überstehenden Teigrand über die Füllung schlagen und dünn mit Wasser bestreichen.

8. Restlichen Teig auf der bemehlten Arbeitsfläche zu einer runden Platte in Größe der Tarteform ausrollen und auf die Füllung legen. Den Rand andrücken, überstehenden Teig abschneiden. Die Teigoberfläche mit einem scharfen Messer mehrmals einschneiden.

9. Zum Bestreichen Eigelb mit Wasser verschlagen. Die Teigoberfläche damit bestreichen. Die Form auf dem Rost in den vorgeheizten Backofen schieben. Empanada 25–30 Minuten backen.

10. Die Form auf einen Kuchenrost stellen. Empanada etwas abkühlen lassen, aus der Form lösen und auf eine Platte legen. Empanada nach Belieben mit abgespülten und trocken getupften Petersilienblättchen garniert sofort servieren.

Tipps: Schweinefilet kann durch Schweineschnitzel, Hähnchenbrust- oder Putenbrustfilet ersetzt werden. Anstelle einer gelben Paprika können Sie rote oder grüne Paprika nehmen. Würziger schmeckt es, wenn Sie statt des Kochschinkens Cabanossi verwenden.

Feigen mit Ziegenfrischkäsefüllung, gebackene

Vegetarisch

12 Stück

Pro Stück:

E: 2 g, F: 8 g, Kh: 16 g, kJ: 596, kcal: 143

50 g	*Pistazienkerne*
500 ml (½ l)	*roter Traubensaft*
8 TL	*flüssiger Akazienhonig*
5 Stängel	*Thymian*
250 g	*Ziegenfrischkäse*
	frisch gemahlener Pfeffer
6	*große, frische Feigen*

Zubereitungszeit: 45 Minuten
Grillzeit: etwa 6 Minuten

1. Pistazienkerne in einer Pfanne ohne Fett goldbraun rösten, herausnehmen, auf einem Teller erkalten lassen und klein hacken.

2. Traubensaft mit 5 Teelöffeln des Honigs in einem Topf verrühren und bei mittlerer Hitze sirupartig einkochen (etwa 15 Minuten).

3. Den Backofengrill vorheizen.

4. Den Thymian abspülen und trocken tupfen. Von 3 Stängeln die Blättchen abzupfen. Blättchen klein schneiden.

5. Den Frischkäse mit einer Gabel zerdrücken. Den restlichen Honig, gehackten Thymian und etwa die Hälfte der Pistazienkerne untermengen, mit Pfeffer abschmecken.

6. Die Feigen vorsichtig abspülen, trocken tupfen und halbieren. Mit einem Teelöffel kleine Vertiefungen in das Fruchtfleisch drücken. Die Frischkäsemasse in Häufchen hineinsetzen. Die Feigen auf ein Backblech (gefettet) setzen. Das Backblech unter den vorgeheizten Backofengrill schieben. Die Feigen etwa 6 Minuten grillen, bis der Käse leicht gebräunt ist.

7. Beiseitegelegte Thymianstängel etwas kleiner zupfen. Die heißen Feigen mit Traubensirup anrichten, mit Thymian und restlichen Pistazienkernen garnieren.

Tipp: Der Ziegenfrischkäse kann auch durch Schafkäse ersetzt werden, und wer es lieber milder mag, verwendet Ricotta (ital. Frischkäse).

Fenchelgemüse, buntes

Raffiniert

4 Portionen

Pro Portion:
E: 4 g, F: 9 g, Kh: 8 g, kJ: 567, kcal: 135

2 Fenchelknollen (etwa 600 g)
1 Bio-Zitrone (unbehandelt, ungewachst)
150 ml Gemüsebrühe
Salz
3 Schalotten
2 Knoblauchzehen
1 grüne Chilischote
2 Tomaten (etwa 100 g)
2 EL Olivenöl
8 schwarze Oliven ohne Stein (aus dem Glas)
frisch gemahlener Pfeffer

Zubereitungszeit: 40 Minuten

1. Von den Fenchelknollen die Stiele dicht oberhalb der Knollen abschneiden. Braune Stellen und Blätter entfernen (das Fenchelgrün beiseitelegen). Die Wurzelenden gerade schneiden. Die Knollen waschen, abtropfen lassen, von oben nach unten durchschneiden und evtl. jeweils den Strunk entfernen. Fenchelhälften längs in Spalten schneiden.

2. Zitrone heiß abwaschen und abtrocknen. Brühe in einem Topf zum Kochen bringen, Fenchelspalten hineinlegen. Von der Zitrone etwa ein Drittel der Schale abreiben, hinzugeben, zum Kochen bringen und zugedeckt etwa 10 Minuten bei schwacher Hitze dünsten, mit Salz würzen. Fenchelspalten in einem Sieb abtropfen lassen, den Sud auffangen.

3. Schalotten und Knoblauch abziehen, in dünne Scheiben schneiden. Chili abspülen, trocken tupfen, der Länge nach halbieren und entkernen. Chilihälften in schmale Streifen schneiden.

4. Tomaten abspülen, trocken tupfen, kreuzweise einschneiden, kurz in kochendes Wasser legen und in kaltem Wasser abschrecken. Tomaten enthäuten, halbieren, entkernen und die Stängelansätze herausschneiden. Tomatenhälften in grobe Würfel schneiden.

5. Olivenöl in einem Topf erhitzen. Schalotten-, Knoblauchwürfel und Chilistreifen hinzufügen, zugedeckt etwa 10 Minuten bei mittlerer Hitze dünsten.

6. Oliven abtropfen lassen und in Ringe schneiden. Zitrone quer halbieren. Eine Zitronenhälfte in dünne Scheiben schneiden. Von der zweiten Zitronenhälfte den Saft auspressen. Fenchelspalten auf einer Platte oder einem Teller anrichten. Zitronenscheiben an den Rand legen.

7. Den aufgefangenen Fenchelsud und die Tomatenwürfel zu der Zwiebel-Knoblauch-Chili-Masse geben und aufkochen lassen. Mit Salz, Pfeffer und dem Zitronensaft abschmecken.

8. Die Masse auf den Fenchelspalten verteilen. Das beiseitegelegte Fenchelgrün abspülen, trocken tupfen und etwas kleiner schneiden. Das Fenchelgemüse mit dem Fenchelgrün und den Olivenringen bestreuen. Fenchelgemüse heiß oder kalt servieren.

Fenchelviertel, mit Kräutern mariniert

Vegetarisch

4 Portionen

Pro Portion:
E: 7 g, F: 16 g, Kh: 12 g, kJ: 926, kcal: 221

4 Fenchelknollen (je etwa 300 g)
Salzwasser
4 EL Olivenöl

Für die Marinade:

1 Orange (etwa 200 g)
4–5 Stängel Oregano
1 kleines Bund glatte Petersilie
2 EL Balsamico-Essig
Salz, frisch gemahlener Pfeffer
4 EL Olivenöl

Zubereitungszeit: 35 Minuten, ohne Durchziehze t

1. Von den Fenchelknollen die Stiele dicht oberhalb der Knollen abschneiden. Braune Stellen und Blätter entfernen. Die Wurzelenden gerade schneiden. Knollen waschen, abtropfen lassen und vierteln. Fenchelviertel in kochendem Salzwasser etwa 5 Minuten blanchieren. Anschließend in ein Sieb geben (die Flüssigkeit dabei auffangen), mit kaltem Wasser übergießen und abtropfen lassen.

2. Olivenöl in einer großen Pfanne erhitzen. Fenchelviertel darin leicht anbraten, bis sie etwas Farbe angenommen haben. Fenchelviertel in eine flache Schale legen.

3. Für die Marinade die Orange so schälen, dass die weiße Haut mitentfernt wird. Orange vierteln und in Scheiben schneiden. Oregano und Petersilie abspülen und trocken tupfen. Die Blättchen jeweils von den Stängeln zupfen. Blättchen grob zerschneiden.

4. Den Essig mit der aufgefangenen Fenchelflüssigkeit verrühren, mit Salz und Pfeffer würzen. Olivenöl unterschlagen. Orangenscheiben, Oregano und Petersilie unterrühren. Fenchelviertel mit der Marinade übergießen, 1–2 Stunden kalt stellen und durchziehen lassen, dabei ab und zu umrühren.

Tipp: Wer es etwas säuerlicher mag, kann die Orange durch eine Grapefruit ersetzen.

Filet-Brot Für Gäste

8 Scheiben

Pro Scheibe:
E: 9 g, F: 6 g, Kh: 13 g, kJ: 598, kcal: 143

1	*mittelgroße Bio-Orange (unbehandelt, ungewachst)*
1	*Frühlingszwiebel*
250 g	*Schweinefilet*
2 EL	*Olivenöl*
	Salz
	frisch gemahlener Pfeffer
1–2	*Knoblauchzehen*
40 g	*Salatmayonnaise (50 % Fett)*
8 Scheiben	*Stangenweißbrot oder Baguette (1 ½–2 cm dick)*
4	*kleine, grüne Salatblätter*

Zubereitungszeit: 40 Minuten, ohne Abkühlzeit
Garzeit: etwa 8 Minuten

1. Orange heiß abwaschen, abtrocknen und einige Orangenschalenstreifen mit einem Zestenreißer abziehen. Orange so schälen, dass die weiße Haut mitentfernt wird. Fruchtfilets herauslösen und dabei den Saft auffangen. Frühlingszwiebel putzen, waschen, abtropfen lassen und schräg in dünne Ringe schneiden.

2. Das Schweinefilet mit Küchenpapier trocken tupfen. 1 Esslöffel Olivenöl in einer Pfanne erhitzen. Schweinefilet darin von allen Seiten anbraten und mit Salz und Pfeffer würzen. Das Filet zugedeckt etwa 8 Minuten bei schwacher Hitze garen, herausnehmen, in Alufolie wickeln und abkühlen lassen.

3. Die Frühlingszwiebelringe und den aufgefangenen Orangensaft in die Pfanne geben, unter mehrmaligem Wenden dünsten. Den Saft bis auf etwa 1 Esslöffel verdampfen lassen, abkühlen lassen.

4. Knoblauch abziehen, durch eine Knoblauchpresse drücken und mit der Mayonnaise verrühren. Schweinefilet aus der Alufolie wickeln. 1 Esslöffel des ausgetretenen Fleischsaftes unter die Mayonnaise rühren. Das Schweinefilet schräg in 16 dünne Scheiben schneiden.

5. Die Brotscheiben dünn mit dem restlichen Olivenöl bestreichen und in einer Pfanne von einer Seite goldbraun rösten. Oder die Brotscheiben unter dem vorgeheizten Backofengrill rösten. Brotscheiben etwas abkühlen lassen.

6. Salatblätter abspülen, trocken tupfen und halbieren. Die Brotscheiben (geröstete Seite oben) zuerst mit der Mayonnaise bestreichen. Zur Hälfte mit je 1 Salatblatt belegen. Schweinefiletscheiben, Orangenfilets und Frühlingszwiebelscheiben dekorativ darauf verteilen. Jeweils einen Klecks Mayonnaise daraufgeben. Mit den Orangenschalenstreifen bestreuen.

Fischspießchen auf Rucola-Tomaten-Salat

Raffiniert – etwas teurer

4 Portionen

Pro Portion:
E: 19 g, F: 11 g, Kh: 6 g, kJ: 901, kcal: 215

Für die Spieße:
- *2 Zucchini (etwa 400 g)*
- *Salzwasser*
- *12 Limanden- oder Seezungenfilets (je etwa 40 g)*
- *Salz, frisch gemahlener Pfeffer*

Für den Salat:
- *2 Bund Rucola (Rauke, etwa 250 g)*
- *4 Fleischtomaten (etwa 400 g)*

Für die Marinade:
- *3 EL Balsamico-Essig*
- *4 EL Olivenöl*
- *Salz*
- *frisch gemahlener Pfeffer*
- *4 EL Olivenöl zum Anbraten*

Außerdem:
- *4 Schaschlikspieße*

Zubereitungszeit: 60 Minuten
Garzeit: etwa 10 Minuten

1. Für die Spieße Zucchini waschen, abtrocknen und die Enden abschneiden. Zucchini mit der Aufschnittmaschine in 12 Längsscheiben schneiden. Zucchinischeiben in kochendem Salzwasser etwa 2 Minuten blanchieren, herausnehmen, in kaltem Wasser abschrecken und trocken tupfen.

2. Die Fischfilets unter fließendem kalten Wasser abspülen, trocken tupfen, mit Salz und Pfeffer würzen. Die Fischfilets und Zucchinischeiben aufrollen. Dabei darauf achten, dass bei den Fischfilets die Hautseite jeweils innen liegt. Die Röllchen abwechselnd auf 4 dünne Schaschlikspieße stecken (je Spieß 3 Fisch- und 3 Gemüseröllchen).

3. Für den Salat Rucola putzen und die harten Stiele herausschneiden. Rucola waschen, trocken tupfen oder trocken schleudern. Tomaten abspülen, trocken tupfen, kreuzweise einschneiden, kurz in kochendes Wasser legen und in kaltem Wasser abschrecken. Tomaten enthäuten, halbieren, entkernen und die Stängelansätze herausschneiden. Tomatenhälften in Würfel schneiden.

4. Für die Marinade Essig mit Salz und Pfeffer verrühren, Olivenöl unterschlagen.

5. Olivenöl in einer Pfanne erhitzen. Fischspießchen darin etwa 10 Minuten bei nicht zu starker Hitze braten, dabei zwischendurch wenden.

6. Den Rucola und die Tomatenwürfel auf einer Platte anrichten, Fischspießchen daraufsetzen und mit der Marinade beträufeln.

Tipps: Statt der Limanden- oder Seezungenfilets können auch Schollenfilets verwendet werden. Die tiefgekühlten Fischfilets vor der Verwendung antauen lassen.

Fleischtomaten, gefüllte
4 Portionen

Pro Portion:
E: 22 g, F: 23 g, Kh: 15 g, kJ: 1493, kcal: 355

8 große Fleischtomaten (etwa 1,2 kg)

Für die Füllung:

500 g Austernpilze
120 g Kochschinken
2 EL Speiseöl
Salz
frisch gemahlener Pfeffer

120 g frisch geriebener, mittelalter Gouda-Käse
50 g Semmelbrösel
40 g zerlassene Butter

Zubereitungszeit: 45 Minuten
Überbackzeit: etwa 20 Minuten

1. Tomaten abspülen und trocken tupfen. Von den Tomaten jeweils einen Deckel abschneiden. Das Fruchtfleisch mit einem Teelöffel herauslösen. Kerne entfernen. Fruchtfleisch und den Deckel in Würfel schneiden.

2. Den Backofen vorheizen.
Ober-/Unterhitze: etwa 180 °C
Heißluft: etwa 160 °C

3. Für die Füllung Austernpilze putzen, mit Küchenpapier abreiben und klein schneiden (nicht abspülen). Schinken in Würfel schneiden.

4. Speiseöl in einer Pfanne erhitzen. Austernpilzstücke darin unter Rühren andünsten. Tomaten- und Schinkenwürfel unterrühren. Mit Salz und Pfeffer würzen. Ausgehöhlte Tomaten mit der Schinken-Pilz-Masse füllen und in eine flache Auflaufform (gefettet) setzen.

5. Käse mit Semmelbröseln mischen und auf die Schinken-Pilz-Masse streuen. Mit Butter beträufeln. Die Form auf dem Rost in den vorgeheizten Backofen schieben. Die Tomaten etwa 20 Minuten überbacken.

Frischkäse-Oliven-Canapés

Einfach

24 Stück

Pro Stück:

E: 3 g, F: 7 g, Kh: 8 g, kJ: 451, kcal: 108

300 g Doppelrahm-Frischkäse
4 EL Schlagsahne
30 g weiche Butter
1 TL Paprikapulver edelsüß
Salz, frisch gemahlener Pfeffer
12 Kräcker
12 Pumpernickeltaler
je 6 mit Mandeln und Paprika gefüllte Oliven
1 EL Schnittlauchröllchen
etwas Kresse

Zubereitungszeit: 30 Minuten

1. Den Frischkäse mit Sahne und Butter zu einer cremigen Masse verrühren. Mit Paprika, Salz und Pfeffer würzen.

2. Die Käsecreme in einen Spritzbeutel mit Sterntülle füllen. Aus der Käsecreme Rosetten auf die Kräcker und Pumpernickeltaler spritzen.

3. Die Oliven abtropfen lassen und halbieren. Die Canapés damit garnieren und auf Platten anrichten. Anschließend mit Schnittlauchröllchen und Kresse bestreuen.

Tipp: Nach Belieben die Frischkäse-Oliven-Canapés zusätzlich mit abgespülten und trocken getupften Schnittlauchhalmen garnieren.

Frühlingsbrötchen Für Gäste

8 Stück

Pro Stück:
E: 15 g, F: 4 g, Kh: 34 g, kJ: 968, kcal: 231

Für den Hefeteig:

375 g	*Weizenmehl (Type 550)*
1 Pck.	*Dr. Oetker Trockenbackhefe*
1–2 gestr. TL	*Salz*
1 TL	*Zucker*
150 g	*Joghurt*
125 ml (1/8 l)	*lauwarme Milch*
etwas	*Weizenmehl*
etwas	*Kondensmilch*
einige	*Sesamsamen*

Für den Frühlingsquark:

1	*Zwiebel*
500 g	*Magerquark*
125 ml (1/8 l)	*Milch*
2 EL	*fein gehackte Kräuter, z. B. Petersilie, Schnittlauch*
	Salz, frisch gemahlener Pfeffer
	Paprikapulver edelsüß
evtl. einige	*rote und gelbe Paprikawürfel*

Zubereitungszeit: 45 Minuten, ohne Teiggeh- und Abkühlzeit
Backzeit: etwa 20 Minuten

1. Für den Teig Mehl in eine Rührschüssel geben und mit der Trockenbackhefe sorgfältig vermischen. Salz, Zucker, Joghurt und Milch hinzufügen. Die Zutaten mit Handrührgerät mit Knethaken zunächst kurz auf niedrigster, dann auf höchster Stufe in etwa 5 Minuten zu einem glatten Teig verarbeiten. Den Teig zugedeckt so lange an einem warmen Ort gehen lassen, bis er sich sichtbar vergrößert hat (etwa 20 Minuten).

2. Den gegangenen Teig leicht mit Mehl bestäuben, aus der Schüssel nehmen und auf einer leicht bemehlten Arbeitsfläche nochmals kurz durchkneten. Aus dem Teig 4 längliche, flache Brötchen formen und auf ein Backblech (mit Backpapier belegt) legen. Die Teigoberfläche mehrmals diagonal etwa 1 cm tief einschneiden. Die Teigbrötchen nochmals zugedeckt so lange an einem warmen Ort gehen lassen, bis sie sich sichtbar vergrößert haben (etwa 30 Minuten).

3. In der Zwischenzeit den Backofen vorheizen.
Ober-/Unterhitze: etwa 200 °C
Heißluft: etwa 180 °C

4. Die Teigbrötchen mit Kondensmilch bestreichen und mit Sesam bestreuen. Das Backblech in den vorgeheizten Backofen schieben. Die Brötchen etwa 20 Minuten backen.

5. Die Brötchen vom Backpapier nehmen und auf einem Kuchenrost erkalten lassen. Brötchen senkrecht durchschneiden und etwas aushöhlen.

6. Für den Frühlingsquark Zwiebel abziehen und in kleine Würfel schneiden. Quark mit Milch, Zwiebelwürfeln und den Kräutern verrühren. Mit Salz, Pfeffer und Paprika würzen. Die Brötchenhälften mit dem Frühlingsquark füllen und auf einer Platte anrichten. Die Frühlingsbrötchen nach Belieben mit den Paprikawürfeln bestreuen.

Tipp: Schneller geht es, wenn Sie frische Baguettebrötchen kaufen.

Garnelen am Spieß

Einfach

5 Spieße

Pro Spieß:

E: 18 g, F: 44 g, Kh: 8 g, kJ: 2062, kcal: 493

25 TK-Garnelen ohne Schale, mittlere Größe
5 kleine Schalotten
10 Frühlingszwiebeln
15 Scheiben Bacon (Frühstücksspeck)
frisch gemahlener, grober Pfeffer
6 EL Olivenöl

Für den Dip:

200 g Delikatessmayonnaise
1 EL mittelscharfer Senf
Salz
frisch gemahlener Pfeffer
3 Knoblauchzehen

Außerdem:

5 Holz- oder Metallspieße

Zubereitungszeit: 80 Minuten, ohne Auftau- und Durchziehzeit
Grillzeit: 8–10 Minuten

1. Garnelen nach Packungsanleitung auftauen lassen, evtl. den Darm entfernen. Garnelen unter fließendem kalten Wasser abspülen und trocken tupfen.

2. Den Backofengrill vorheizen.

3. Die Schalotten abziehen und längs halbieren. Frühlingszwiebeln putzen, waschen und abtropfen lassen. Etwas von dem Frühlingszwiebelgrün in dünne Ringe schneiden und beiseitelegen. Die restlichen Frühlingszwiebeln in etwa 3 cm lange Stücke schneiden.

4. Bacon zu Röllchen aufrollen. Abwechselnd Garnelen, Schalottenhälften, Frühlingszwiebelstücke und Baconröllchen auf Holz- oder Metallspieße stecken (je Spieß 5 Garnelen, 2 Schalottenhälften, 3 Frühlingszwiebelstücke, 3 Baconröllchen).

5. Die Spieße in eine Schale legen, mit Pfeffer würzen und mit Olivenöl beträufeln.

6. Für den Dip Mayonnaise mit Senf verrühren. Mit Salz und Pfeffer würzen. Knoblauch abziehen und sehr klein schneiden. Knoblauch und beiseitegelegte Frühlingszwiebelringe unterrühren.

7. Die Garnelenspieße auf ein Backblech (gefettet) legen. Das Backblech unter den vorgeheizten Backofengrill (etwa 240 °C) schieben. Die Spieße 8–10 Minuten grillen, dabei einmal wenden.

8. Die Garnelenspieße mit dem Dip servieren.

Geflügelröllchen mit Käse

Schnell

24 Stück

Pro Portion:
E: 49 g, F: 35 g, Kh: 5 g, kJ: 2341, kcal: 559

1 Bund	*glatte Petersilie*
24 Scheiben	*geräucherte Putenbrust (je etwa 30 g, größere Scheiben evtl. halbieren)*
etwa 1 kg	*Maasdamer Käse*

Für die Sauce:

750 g	*stückige Tomaten mit Zwiebeln (aus Dosen)*
2–3 TL	*Sambal Oelek*
2 EL	*Schnittlauchröllchen*
	Salz
	frisch gemahlener Pfeffer

Zubereitungszeit: 20 Minuten

1. Petersilie abspülen und trocken tupfen. Die Blättchen von den Stängeln zupfen. Putenbrustscheiben mit den Petersilienblättchen belegen.

2. Den Käse in 24 Stücke (Balken) schneiden und in die Putenbrustscheiben einwickeln.

3. Für die Sauce Tomaten mit Sambal Oelek und Schnittlauchröllchen verrühren. Mit Salz und Pfeffer würzen. Die Sauce zu den Geflügelröllchen reichen.

Variante: **Schinken-Käse-Röllchen.**
12 große Scheiben Kochschinken halbieren und dünn mit Tomatenketchup bestreichen. Schinkenscheiben mit Kerbelblättchen belegen. Gouda-Käse-Balken (von 1 kg) darauflegen und einwickeln.

Tipp: Warmes Baguette dazu servieren.

Gemüse-Carpaccio

Vegetarisch

6 Portionen

Pro Portion:
E: 23 g, F: 18 g, Kh: 33 g, kJ: 1678, kcal: 404

Für das Gemüse:

150 g	*Möhren*
750 g	*grüner Spargel*
½ Bund	*Frühlingszwiebeln*
200 g	*Zuckerschoten*
	Salzwasser
250 g	*mittelgroße Tomaten*
½ Topf	*Kerbel*
½ Bund	*glatte Petersilie*

Für das Dressing:

2	*Schalotten*
50 ml	*weißer Balsamico-Essig*
3 EL	*Orangensaft*
1–2 EL	*flüssiger Honig*
	Salz
	frisch gemahlener Pfeffer
100 ml	*Traubenkernöl oder Nussöl*

Zubereitungszeit: 40 Minuten

1. Für das Gemüse Möhren putzen, schälen, abspülen und abtropfen lassen. Von dem grünen Spargel nur das untere Drittel schälen und die Enden abschneiden. Spargel abspülen und abtropfen lassen. Möhren längs in dünne Scheiben schneiden, Spargel längs halbieren.

2. Frühlingszwiebeln putzen, waschen, trocken tupfen und in sehr dünne Ringe schneiden.

3. Von den Zuckerschoten die Enden abschneiden, evtl. abfädeln. Zuckerschoten waschen, abtropfen lassen und in kochendem Salzwasser 2–3 Minuten garen. Die Zuckerschoten in ein Sieb geben, mit eiskaltem Wasser abschrecken und abtropfen lassen. Die Zuckerschoten schräg halbieren.

4. Tomaten waschen, trocken tupfen, kreuzweise einschneiden, kurz in kochendes Wasser legen und in kaltem Wasser abschrecken. Tomaten enthäuten, halbieren, entkernen und die Stängelansätze herausschneiden. Tomatenhälften in Spalten schneiden.

5. Kerbel und Petersilie abspülen und trocken tupfen. Die Blättchen von den Stängeln zupfen. Etwa die Hälfte der Blättchen klein schneiden. Restliche Blättchen zum Garnieren beiseitelegen.

6. Für das Dressing Schalotten abziehen und in kleine Würfel schneiden. Essig mit Orangensaft und Honig verrühren. Mit Salz und Pfeffer würzen. Das Öl unterschlagen. Schalotten und klein geschnittene Kräuter unterrühren.

7. Spargel, Möhrenscheiben, Zuckerschoten und Frühlingszwiebelringe auf einer großen Platte anrichten.

8. Gemüse mit etwa zwei Dritteln des Dressings beträufeln. Tomatenspalten darauf verteilen.

9. Gemüse-Carpaccio mit den beiseitegelegten Kerbel- und Petersilienblättchen garnieren. Restliches Dressing dazureichen.

Tipp: Nach Belieben können Sie auch die Möhrenscheiben, den Spargel und die Frühlingszwiebelscheiben kurz blanchieren.

Gemüseecken mit Käsesauce

Vegetarisch – dauert länger

24 Stück

Pro Stück:
E: 4 g, F: 8 g, Kh: 10 g, kJ: 543, kcal: 130

Für den Hefeteig:

250 g	*Weizenmehl*
½ Pck.	*frische Hefe (21 g)*
1 TL	*Zucker*
3 EL	*lauwarmes Wasser*
1 gestr. TL	*Salz*
	frisch gemahlener Pfeffer
4 EL	*Speiseöl, z. B. Olivenöl*
5 EL	*lauwarmes Wasser*
etwas	*Weizenmehl*

Für die Käsesauce:

3	*Eier (Größe M)*
knapp	
1 gestr. TL	*Salz*
	frisch gemahlener Pfeffer
2	*Knoblauchzehen*
1 Bund	*glatte Petersilie*
100 g	*geriebener Emmentaler-Käse*
150 g	*Crème fraîche*
125 g	*Schlagsahne*

Für den Belag:

1 Stange	*Porree (Lauch)*
1 rote	*Paprikaschote*
285 g	*Gemüsemais (aus der Dose)*

Zubereitungszeit: 50 Minuten, ohne Teiggehzeit
Backzeit: etwa 30 Minuten

1. Für den Teig Mehl in eine Rührschüssel geben. In die Mitte eine Vertiefung drücken und die Hefe hineinbröckeln. Zucker und etwas Wasser hinzufügen. Mit einem kleinen Teil des Mehls mit einer Gabel vorsichtig verrühren und etwa 10 Minuten gehen lassen.

2. Salz, Pfeffer, Speiseöl und Wasser hinzufügen. Die Zutaten mit Handrührgerät mit Knethaken zunächst kurz auf niedrigster, dann auf höchster Stufe in etwa 5 Minuten zu einem glatten Teig verarbeiten. Teig zugedeckt so lange an einem warmen Ort gehen lassen, bis er sich sichtbar vergrößert hat (etwa 30 Minuten).

3. Den gegangenen Teig leicht mit Mehl bestäuben, aus der Schüssel nehmen, auf einer leicht bemehlten Arbeitsfläche nochmals gut durchkneten und auf einem Backblech (30 x 40 cm, gefettet) ausrollen. Vor den Teig einen mehrfach geknickten Streifen Alufolie legen.

4. Den Backofen vorheizen.
Ober-/Unterhitze: etwa 200 °C
Heißluft: etwa 180 °C

5. Für die Käsesauce Eier in einer Rührschüssel verschlagen. Mit Salz und Pfeffer würzen. Knoblauch abziehen und in sehr kleine Würfel schneiden. Petersilie abspülen und trocken tupfen. Die Blättchen von den Stängeln zupfen (einige Blättchen zum Garnieren beiseitelegen). Die restlichen Blättchen klein schneiden. Knoblauch, Käse, Crème fraîche, Sahne und Petersilie unter die verschlagenen Eier rühren.

6. Für den Belag den Porree putzen, die Stange längs halbieren, gründlich waschen, abtropfen lassen und in dünne Streifen schneiden. Paprikaschote halbieren, entstielen, entkernen und die weißen Scheidewände entfernen. Schotenhälften waschen, abtropfen lassen und in feine Streifen schneiden.

7. Mais in einem Sieb abtropfen lassen. Porreestreifen, Paprikastreifen und Mais mischen, auf dem Teig verteilen. Die Käsesauce daraufgeben. Das Backblech in den vorgeheizten Backofen schieben. Den Gemüsekuchen etwa 30 Minuten backen.

8. Das Backblech auf einen Kuchenrost stellen. Dann den Gemüsekuchen zweimal längs und dreimal quer durchschneiden. Die 12 Gemüsekuchenstücke nochmals diagonal halbieren, sodass Dreiecke entstehen. Die Gemüseecken warm oder kalt mit den beiseitegelegten Petersilienblättchen garniert servieren.

Tipp: Je nach Geschmack und Jahreszeit können die Gemüseecken z. B. auch mit Brokkoli, Zucchini, Champignons und Cocktailtomaten belegt werden.

Gemüse-Eier-Sülze im Glas

Gut vorzubereiten – mit Alkohol

4 Portionen

Pro Portion:
E: 13 g, F: 7 g, Kh: 9 g, kJ: 783, kcal: 187

4	*hart gekochte Eier*
3–4 Stängel	*Kerbel*
10 Blatt	*weiße Gelatine*
900 ml	*Gemüsebrühe*
250 g	*fein gewürfelte Möhren*
125 ml (1/8 l)	*trockener Sherry*
4–5 EL	*Weißweinessig*
	Salz
	frisch gemahlener Pfeffer
140 g	*Gemüsemais (aus der Dose)*

Zubereitungszeit: 60 Minuten, ohne Kühlzeit

1. Die Eier pellen und in Scheiben schneiden. Kerbel abspülen, trocken tupfen und die Blättchen abzupfen. Gelatine in kaltem Wasser nach Packungsanleitung einweichen.

2. Brühe in einem Topf zum Kochen bringen. Möhrenwürfel darin etwa 10 Minuten garen. Die Möhrenwürfel in ein Sieb geben, die Brühe auffangen und 750 ml (3/4 l) Brühe abmessen.

3. Eingeweichte Gelatine leicht ausdrücken und unter Rühren in der heißen, abgemessenen Brühe auflösen. Sherry und Essig unterrühren. Die Flüssigkeit mit Salz und Pfeffer abschmecken. Mais in einem Sieb abtropfen lassen.

4. Jeweils 1–2 Esslöffel von der Sülzeflüssigkeit in 4 Gläser (mindestens je 0,3 l Inhalt) geben, sodass der Boden der Gläser mit einem Flüssigkeitsspiegel bedeckt ist. Die Gläser in den Kühlschrank stellen, bis die Flüssigkeit erstarrt ist.

5. Anschließend in jedes Glas eine Schicht Möhrenwürfel einschichten und mit der Sülzeflüssigkeit bedecken. Die Gläser etwa 5 Minuten in den Kühlschrank stellen.

6. Eine Schicht Mais in die Gläser geben, mit der Sülzeflüssigkeit bedecken und etwa 5 Minuten kalt stellen. 1–2 Eierscheiben und einige kleine Kerbelblättchen in die Gläser legen, mit Sülzeflüssigkeit bedecken und wieder kalt stellen. Die restlichen Zutaten auf die gleiche Weise verarbeiten. Die Gläser mindestens 2 Stunden kalt stellen.

Tipp: Nach Belieben die Gemüse-Eier-Sülze mit einer Meerrettichsahne verfeinern. Dazu 100 g Schlagsahne fast steif schlagen. 1 Esslöffel geriebenen Meerrettich und anschließend etwas geriebene Zitronenschale unterrühren.

Gemüse-Piccata mit Tomatensauce Raffiniert

4 Portionen

Pro Portion:
E: 19 g, F: 33 g, Kh: 23 g, kJ: 2046, kcal: 489

Für die Gemüse-Piccata:

1 Knolle	*Sellerie (etwa 300 g)*
1	*Kohlrabi (etwa 250 g)*
1	*Rote Bete (etwa 250 g)*
	Salzwasser
3	*Eier (Größe M)*
100 g	*frisch geriebener Parmesan-Käse*
60 g	*Weizenmehl*
	Salz, frisch gemahlener Pfeffer
4 EL	*Speiseöl*

Für die Tomatensauce:

3	*Fleischtomaten*
1	*kleine Zwiebel*
1	*Knoblauchzehe*
3 EL	*Olivenöl*
1 TL	*grüne Pfefferkörner*
	Salz, frisch gemahlener Pfeffer
etwas	*gerebelter Thymian*

Zubereitungszeit: 50 Minuten
Garzeit: etwa 10 Minuten

1. Für die Gemüse-Piccata Sellerie und Kohlrabi putzen, schälen, abspülen, abtropfen lassen und in etwa ½ cm dicke Scheiben schneiden. Rote Bete gründlich waschen, schälen, abspülen, abtropfen lassen und ebenfalls in dünne Scheiben schneiden.

2. Die vorbereiteten Gemüsescheiben getrennt in kochendem Salzwasser 5–10 Minuten (je nach Gemüsesorte) blanchieren, in ein Sieb geben, mit kaltem Wasser abschrecken und abtropfen lassen.

3. Eier in einer Schüssel verschlagen, Parmesan-Käse unterrühren. Mehl in einen tiefen Teller geben. Die Gemüsescheiben mit Salz und Pfeffer bestreuen. Gemüsescheiben zuerst in Mehl wenden, dann durch die Eier-Käse-Masse ziehen, am Schüsselrand abstreifen.

4. Das Speiseöl in einer großen Pfanne erhitzen. Die Gemüsescheiben darin etwa 10 Minuten bei schwacher Hitze von beiden Seiten goldbraun braten, herausnehmen und warm stellen.

5. In der Zwischenzeit für die Tomatensauce Tomaten waschen, trocken tupfen, kreuzweise einschneiden, kurz in kochendes Wasser legen und in kaltem Wasser abschrecken. Die Tomaten enthäuten, halbieren, entkernen und die Stängelansätze herausschneiden. Tomatenhälften in kleine Würfel schneiden. Zwiebel und Knoblauch abziehen, klein würfeln.

6. Olivenöl in einem Topf erhitzen. Die Zwiebel- und Knoblauchwürfel darin andünsten, die Tomatenwürfel unterheben. Mit Salz, Pfeffer, Pfefferkörnern und Thymian würzen. Die Sauce unter Rühren aufkochen lassen. Die Gemüse-Piccata mit der Sauce servieren.

Beilage: Bandnudeln mit abgespülten und trocken getupften Basilikumblättchen garniert.

Tipp: Nach Belieben mit Thymianzweigen garnieren.

Gemüse-Wraps

Schnell

8 Stück

Pro Stück:

E: 7 g, F: 10 g, Kh: 22 g, kJ: 867, kcal: 206

½ Kopf	*Eisbergsalat*
½	*Salatgurke*
1	*Möhre*
1	*rote Paprikaschote*
8	*weiche Weizentortillas (Wraps)*
200 g	*Doppelrahm-Frischkäse*
	Salz
	frisch gemahlener Pfeffer

Zubereitungszeit: 20 Minuten

1. Eisbergsalat putzen, vierteln, waschen und trocken schleudern. Salat in feine Streifen schneiden.

2. Die Gurke waschen, abtrocknen und das Ende abschneiden. Gurke längs halbieren, entkernen und in kleine, feine Streifen schneiden. Möhre putzen, schälen, abspülen, abtropfen lassen und in feine Scheiben hobeln.

3. Paprikaschote halbieren, entstielen, entkernen und die weißen Scheidewände entfernen. Schotenhälften waschen, abtropfen lassen und in feine Streifen schneiden.

4. Tortillas nach Packungsanleitung im Backofen oder nacheinander in einer Pfanne ohne Fett von beiden Seiten kurz erwärmen.

5. Tortillas mit Frischkäse bestreichen, mit Salz und Pfeffer bestreuen. Tortillas mit Salat-, Gurkenstreifen, Möhrenscheiben und Paprikastreifen belegen, dabei beidseitig einen Rand frei lassen. Die Ränder über das Gemüse legen. Tortillas fest aufrollen. Nach Belieben halbieren oder in Scheiben schneiden.

Gepfefferte Aprikosen

Einfach
24 Stück

Pro Stück:
E: 1 g, F: 3 g, Kh: 2 g, kJ: 177, kcal: 42

24 Aprikosenhälften (aus der Dose)
3 EL Olivenöl
Salz
1 gestr. TL zerstoßener, schwarzer Pfeffer
1 Bund Schnittlauch
250 g Ricotta (ital. Frischkäse)
frisch gemahlener Pfeffer
50 g Parmaschinken

Zubereitungszeit: 30 Minuten, ohne Abkühlzeit

1. Aprikosenhälften in einem Sieb abtropfen lassen und trocken tupfen. 2 Esslöffel Olivenöl in einer Pfanne erhitzen. Aprikosenhälften darin scharf anbraten. Mit Salz und der Hälfte des Pfeffers würzen. Die Aprikosenhälften aus der Pfanne nehmen und erkalten lassen.

2. Den Schnittlauch abspülen, trocken tupfen und in feine Röllchen schneiden. Ricotta mit dem restlichen Olivenöl und Schnittlauchröllchen verrühren. Mit Salz und Pfeffer würzen. Schinken in feine Streifen schneiden.

3. Die Aprikosenhälften mit der Rundung nach unten auf einer Platte anrichten. Die Ricotta-Creme in die Aprikosenhälften füllen. Die Aprikosen mit Schinkenstreifen garnieren und mit dem restlichen, zerstoßenen Pfeffer bestreuen.

Tipp: Evtl. an den Rundungen der Aprikosenhälften eine kleine Scheibe abschneiden, damit sie besser stehen bleiben.

Gratinierte, gefüllte Tomaten

Vegetarisch

6 Stück

Pro Stück:

E: 12 g, F: 21 g, Kh: 11 g, kJ: 1183, kcal: 283

450 g TK-Blattspinat
8 Fleischtomaten (je etwa 150 g)
1 Zwiebel
2 Knoblauchzehen
250 g Mozzarella-Käse
75 g Kräuterbutter
Salz
frisch gemahlener Pfeffer
1 Topf Petersilie
50 g Semmelbrösel
2 EL Olivenöl

Zubereitungszeit: 90 Minuten, ohne Auftauzeit
Gratinierzeit: 5–10 Minuten

1. Für die Füllung Spinat nach Packungsanleitung auftauen lassen.

2. Vor den Tomaten 6 schöne Tomaten auswählen, abspülen, trocken tupfen und einen Deckel abschneiden. Die Tomaten mit einem Löffel aushöhlen. Die restlichen Tomaten abspülen, trocken tupfen, kreuzweise einschneiden, kurz in kochendes Wasser legen und in kaltem Wasser abschrecken. Die Tomaten enthäuten, halbieren und die Stängelansätze herausschneiden. Tomatenhälften in Würfel schneiden.

3. Den Backofen vorheizen.
Ober-/Unterhitze: etwa 200 °C
Heißluft: etwa 180 °C

4. Zwiebel und Knoblauch abziehen, klein würfeln. Mozzarella abtropfen lassen und ebenfalls in Würfel schneiden. Die Hälfte der Kräuterbutter in einer großen Pfanne erhitzen. Zwiebel- und Knoblauchwürfel darin glasig dünsten. Spinat etwas abtropfen lassen, hinzufügen und kurz mit andünsten. Mit Salz und Pfeffer kräftig würzen. Tomaten- und Mozzarella-Würfel vorsichtig unterheben.

5. Petersilie abspülen und trocken tupfen. Die Blättchen von den Stängeln zupfen. Die Blättchen klein schneiden. Ausgehöhlte Tomaten innen mit Pfeffer bestreuen und mit der Spinatmasse füllen. Semmelbrösel mit Petersilie mischen. Die gefüllten Tomaten damit bestreuen. Olivenöl daraufträufeln. Restliche Kräuterbutter in kleine Stücke schneiden und auf die Füllung legen.

6. Die Tomaten in eine große Auflaufform (gefettet) setzen. Die Form auf dem Rost in den vorgeheizten Backofen schieben. Die Tomaten 5–10 Minuten gratinieren.

Grüne Muscheln am Spieß

Einfach – für Gäste

4 Portionen

Pro Portion:
E: 28 g, F: 10 g, Kh: 5 g, kJ: 909, kcal: 217

560 g grüne TK-Muscheln (Muschelfleisch von Grünschalmuscheln, 12 Muscheln pro Portion)
24 dünne Scheiben Bacon (Frühstücksspeck, etwa 300 g)
100 g Knoblauch-Kräuterbutter
frisch gemahlener Pfeffer

Außerdem:

4 Holz- oder Metallspieße

Zubereitungszeit: 25 Minuten, ohne Auftauzeit
Garzeit: etwa 20 Minuten

1. Den Backofen vorheizen.
Ober-/Unterhitze: etwa 200 °C
Heißluft: etwa 180 °C

2. Muscheln nach Packungsanleitung oder über Nacht im Kühlschrank auftauen lassen. Speckscheiben quer halbieren.

3. Die einzelnen Muscheln mit je 1 halbierten Speckscheibe umwickeln und auf Spieße stecken (je Spieß 6 Muscheln).

4. Butter zerlassen. Die Muschelspieße auf ein Backblech (mit Alufolie belegt) legen. Die Spieße mit der zerlassenen Butter bestreichen und mit Pfeffer bestreuen. Spieße mit Alufolie abdecken. Das Backblech in den vorgeheizten Backofen schieben. Die Muschelspieße etwa 20 Minuten garen.

Tipp: Zusätzlich Bio-Limetten- oder Bio-Zitronenhälften (unbehandelt, ungewachst) mitbacken lassen.

Gurkenscheiben, gefüllte

Gut vorzubereiten

24 Stück

Pro Stück:
E: 3 g, F: 10 g, Kh: 1 g, kJ: 433, kcal: 104

1 Salatgurke (etwa 600 g)
Salzwasser
Saft von
1 Zitrone
Salz, frisch gemahlener Pfeffer
2 EL Olivenöl

Für die Lachsfüllung:
½ Bund Dill
150 g Graved Lachs (in Scheiben)

Für die Krabbenfüllung:
180 g frische Nordsee-Krabben (ohne Schale)
1 kleines Bund Radieschen (etwa 150 g)
etwas Zitronensaft

Für den Dip:
1 Eigelb (Größe M)
1 EL süßer Senf
200 ml Olivenöl
½ Bund Dill

Zubereitungszeit: 50 Minuten, ohne Marinierzeit

1. Gurke waschen, trocken tupfen und die Enden abschneiden. Gurke in 2–3 cm dicke Scheiben schneiden (etwa 24 Scheiben). Aus den Gurkenscheiben mit einem kleinen Kugelausstecher oder einem kleinen Löffel Vertiefungen ausstechen.

2. Salzwasser in einem Topf zum Kochen bringen. Gurkenscheiben darin etwa 2 Minuten blanchieren. Die Gurkenscheiben mit kaltem Wasser abschrecken und in einem Sieb abtropfen lassen. Gurkenscheiben in eine flache Schale legen. Den Zitronensaft mit Salz und Pfeffer verrühren, Olivenöl unterschlagen. Die Marinade auf den Gurkenscheiben verteilen und etwa 30 Minuten durchziehen lassen.

3. Für die Lachsfüllung den Dill abspülen und trocken tupfen. Die Spitzen von den Stängeln zupfen. Spitzen klein schneiden. Lachs in kleine Würfel schneiden und mit dem Dill vermengen. Mit Pfeffer würzen.

4. Für die Krabbenfüllung Krabben evtl. kurz unter fließendem kalten Wasser abspülen und trocken tupfen. Radieschen putzen, waschen, trocken tupfen und in kleine Stifte oder Würfel schneiden. Krabben mit den Radieschenstiften oder -würfeln vermengen. Mit Salz, Pfeffer und etwas Zitronensaft würzen.

5. Für den Dip Eigelb mit Senf in einem Rührbecher mit Handrührgerät mit Rührbesen zu einer dicklichen Masse aufschlagen. Das Olivenöl zuerst tropfenweise, dann in einem dünnen Strahl unterschlagen. Mit Salz und Pfeffer würzen. Dill abspülen und trocken tupfen. Die Spitzen von den Stängeln zupfen. Spitzen klein schneiden und unter den Dip rühren.

6. Die Hälfte der Gurkenscheiben mit der Lachsmasse, die restlichen Gurkenscheiben mit der Krabbenmasse füllen. Die gefüllten Gurkenscheiben auf einer Platte anrichten und mit dem Dip servieren.

Tipp: Die gefüllten Gurkenscheiben mit einigen Dillzweigen, rosa Pfefferbeeren und Radieschenscheiben garnieren.

Gurkenschiffchen

Raffiniert – für Gäste

8 Portionen

Pro Portion:
E: 5 g, F: 2 g, Kh: 25 g, kJ: 588, kcal: 141

300 ml Salzwasser
150 g Langkornreis, z. B. Patna

1 Scheibe Kochschinken (etwa 50 g)
je 125 g grüne und blaue Weintrauben
1 Banane
2 EL Mandarinen (aus der Dose)

Für die Salatsauce:
1 EL Salatmayonnaise
2 EL Joghurt
1 EL Mandarinensaft (aus der Dose)
Salz
frisch gemahlener Pfeffer
etwas Zitronensaft

1 Salatgurke (etwa 500 g)

Außerdem:
1 Stück Alufolie
Salzstangen

Zubereitungszeit: 30 Minuten

1. Das Salzwasser in einem Topf zum Kochen bringen. Reis hinzufügen, wieder zum Kochen bringen. Den Reis unter gelegentlichem Umrühren etwa 20 Minuten bei schwacher Hitze mit Deckel quellen lassen. Den garen Reis in ein Sieb geben, mit kaltem Wasser abspülen und abtropfen lassen.

2. Schinkenscheibe in sehr kleine Würfel schneiden. Weintrauben waschen, trocken tupfen, halbieren, entkernen und in kleine Stücke schneiden. Banane schälen und in Scheiben schneiden. Mandarinen in einem Sieb abtropfen lassen, dabei den Saft auffangen und 1 Esslöffel abmessen. Mandarinen halbieren.

3. Reis, Schinkenwürfel, Weintrauben- und Mandarinenstücke in einer Schüssel vorsichtig vermengen.

4. Für die Sauce Mayonnaise mit Joghurt und Mandarinensaft verrühren. Mit Salz, Pfeffer und Zitronensaft würzen. Vorsichtig unter die Salatzutaten heben.

5. Gurke waschen, trocken tupfen und längs halbieren. Gurkenhälften in je 4 Stücke schneiden und diese so aushöhlen, dass an beiden Seiten ein etwa ½ cm hoher Rand stehen bleibt. Die ausgehöhlten Gurkenstücke mit dem vorbereiteten Salat füllen.

6. Zum Garnieren aus Alufolie kleine Segel schneiden, um Salzstangen wickeln und kurz vor dem Servieren in die Füllung stecken.

Hackfleischröllchen

Klassisch

8 Röllchen

Pro Röllchen:
E: 9 g, F: 9 g, Kh: 4 g, kJ: 539, kcal: 129

3 Stängel Minze
1 Schalotte
1 Knoblauchzehe
300 g gemischtes Hackfleisch (halb Rind-, halb Schweinefleisch)
4 gestr. EL Semmelbrösel
1 Ei (Größe M)
Salz
frisch gemahlener Pfeffer
Paprikapulver rosenscharf
4 EL Olivenöl

Zubereitungszeit: 30 Minuten
Bratzeit: etwa 10 Minuten

1. Minze abspülen und trocken tupfen. Die Blättchen von den Stängeln zupfen (einige Blättchen zum Garnieren beiseitelegen). Blättchen klein schneiden.

2. Schalotte und Knoblauch abziehen. Schalotte grob hacken, Knoblauch durch eine Knoblauchpresse drücken. Hackfleisch in eine Schüssel geben. Schalottenwürfel, Knoblauch, 2 Esslöffel Semmelbrösel, Ei und Minze hinzufügen. Mit Salz, Pfeffer und Paprika würzen. Die Zutaten zu einem Teig verkneten und mit den Gewürzen abschmecken.

3. Den Fleischteig in 8 gleich große Portionen teilen. Jede Fleischteigportion mit angefeuchteten Händen zu einer etwa 10 cm langen Rolle mit spitzen Enden formen. Restliche Semmelbrösel in einen tiefen Teller geben. Fleischröllchen darin wenden. Semmelbrösel andrücken.

4. Olivenöl in einer großen Pfanne erhitzen. Die Hackfleischröllchen darin etwa 10 Minuten bei mittlerer Hitze unter mehrmaligem Wenden braten. Hackfleischröllchen herausnehmen und auf Küchenpapier abtropfen lassen.

5. Die Hackfleischröllchen auf einer Platte anrichten und mit den beiseitegelegten Minzeblättchen garnieren. Hackfleischröllchen heiß oder kalt servieren.

Beilage: Knoblauchmayonnaise.
Dafür 1–2 Knoblauchzehen abziehen und mit etwas grobem Meersalz im Mörser oder mit dem Messerrücken fein zerreiben. 1 sehr frisches Eigelb (Größe M, **Eigelb darf nicht älter als 5 Tage sein, Legedatum beachten!**), einige Spritzer Zitronensaft und den Knoblauch in einen hohen Rührbecher geben und mit Handrührgerät mit Rührbesen verrühren. 125 ml (1/8 l) Olivenöl zuerst tropfenweise, dann in einem sehr dünnen Strahl unter Rühren hinzugeben. Die Mayonnaise mit Salz und Zitronensaft abschmecken. Mayonnaise bis zum Verzehr kalt stellen.

Heiße Partyscheiben

Raffiniert

24 Stück

Pro Stück:
E: 5 g, F: 5 g, Kh: 8 g, kJ: 419, kcal: 100

4	*Ananasscheiben (aus der Dose)*
12 Scheiben	*Vollkorntoastbrot*
50 g	*Butter*
4 Scheiben	*Schnittkäse, z. B. mittelalter Gouda-Käse*
4	*Pfirsichhälften (aus der Dose)*
4 Scheiben	*Kochschinken*
150 g	*Tunfisch naturell (aus der Dose)*
1	*Zwiebel*

Zubereitungszeit: 25 Minuten
Überbackzeit: etwa 10 Minuten

1. Den Backofen vorheizen.
Ober-/Unterhitze: etwa 200 °C
Heißluft: etwa 180 °C

2. Die Ananasscheiben in einem Sieb abtropfen lassen. Die Brotscheiben toasten und dünn mit Butter bestreichen.

3. Vier Toastbrotscheiben zuerst mit je 1 Ananasscheibe und dann mit je 1 Käsescheibe belegen. Die Toastbrotscheiben auf ein Backblech (mit Backpapier belegt) legen. Das Backblech in den vorgeheizten Backofen schieben und die Toastbrotscheiben etwa 10 Minuten überbacken.

4. Die Pfirsichhälften in einem Sieb abtropfen lassen. 4 weitere Toastbrotscheiben mit je 1 Scheibe Kochschinken und dann mit je 1 Pfirsichhälfte belegen.

5. Tunfisch abtropfen lassen. Auf den letzten 4 Toastbrotscheiben verteilen. Die Zwiebel abziehen, zuerst in Scheiben schneiden, dann in Ringe teilen. Zwiebelscheiben auf dem Tunfisch verteilen.

6. Die belegten Toastbrotscheiben einmal diagonal durchschneiden und auf einer Platte anrichten.

Tipp: Auch die Toasts mit Schinken und Tunfisch können Sie nach Belieben bei der oben angegebenen Backofentemperatur überbacken.

Italienische Champignons, gefüllte Mit Alkohol

4 Portionen

Pro Portion:
E: 16 g, F: 10 g, Kh: 3 g, kJ: 810, kcal: 193

8 Riesenchampignons (je etwa 100 g)

Für die Füllung:

1 Zwiebel
4 Scheiben Schinkenspeck
1 EL Butter
1 EL Speiseöl
4 kleine Tomaten
Salz
frisch gemahlener Pfeffer
1 TL italienische Kräutermischung
60 g frisch geriebener Gouda-Käse
200 ml Weißwein

Zubereitungszeit: 35 Minuten
Garzeit: etwa 20 Minuten

1. Riesenchampignons putzen, mit Küchenpapier abreiben, evtl. abspülen und trocken tupfen. Champ gnons entstielen und aus den Hüten die Lamellen vorsichtig herausschaben. Die Hüte und Stiele unter fließendem kalten Wasser abspülen und trocken tupfen. Die Stiele in kleine Würfel schneiden.

2. Den Backofen vorheizen.
Ober-/Unterhitze: etwa 200 °C
Heißluft: etwa 180 °C

3. Für die Füllung Zwiebel abziehen. Schinkenspeck und Zwiebel in kleine Würfel schneiden. Die Butter in einer Pfanne zerlassen. Speiseöl miterhitzen. Zwiebel- und Speckwürfel darin andünsten, Champignonwürfel hinzugeben und mit andünsten.

4. Tomaten abspülen, trocken tupfen, halbieren und die Stängelansätze herausschneiden. Die Tomaten in Würfel schneiden und zu der Speck-Zwiebel-Masse geben. Mit Salz, Pfeffer und der Kräutermischung würzen. Die Zutaten 1–2 Minuten dünsten.

5. Die Riesenchampignons mit der Speck-Zwiebel-Champignon-Masse füllen, in eine flache Auflaufform (gefettet) setzen und mit Käse bestreuen. Weißwein hinzugießen. Die Form auf dem Rost in den vorgeheizten Backofen schieben. Die Champignons etwa 20 Minuten garen.

Beilage: Toastbrot.

Jakobsmuscheln auf asiatischem Zuckerschotensalat

Raffiniert

2 Portionen

Pro Portion:
E: 8 g, F: 11 g, Kh: 13 g, kJ: 765, kcal: 182

6 TK-Jakobsmuscheln (ausgelöstes Muschelfleisch)

120 g Zuckerschoten
Salzwasser
1 große, rote Chilischote
2 EL Sesamöl
2 EL Fischsauce (erhältlich im Asialaden)
2 EL Ketjap Manis (süße Sojasauce)
Salz
frisch gemahlener Pfeffer

2 EL Speiseöl zum Anbraten
1 Topf Koriander

Zubereitungszeit: 30 Minuten, ohne Auftauzeit
Garzeit: 4–6 Minuten

1. Jakobsmuscheln nach Packungsanleitung auftauen lassen. Von den Zuckerschoten die Enden abschneiden, evtl. abfädeln. Zuckerschoten waschen, abtropfen lassen und in kochendem Salzwasser etwa 2 Minuten blanchieren. Die Zuckerschoten in eiskaltem Wasser abschrecken, abtropfen lassen und in lange, dünne Streifen schneiden. Chilischote abspülen, trocken tupfen, längs halbieren und entkernen. Die Chilischotenhälften ebenfalls in Streifen schneiden.

2. Zuckerschoten- und Chilistreifen in einer Schüssel mischen. Sesamöl mit Fischsauce und Ketjap Manis verrühren, mit Salz und Pfeffer würzen. Die Marinade zu der Zuckerschoten-Chilistreifen-Mischung geben und untermengen.

3. Die Jakobsmuscheln evtl. kurz unter fließendem kalten Wasser abspülen und trocken tupfen. Speiseöl in einer Pfanne erhitzen. Die Muscheln von jeder Seite 2–3 Minuten anbraten und herausnehmen. Mit Salz und Pfeffer würzen.

4. Koriander abspülen und trocken tupfen. Die Blättchen von den Stängeln zupfen. Den Zuckerschotensalat auf einem großen Teller anrichten. Muscheln daraufsetzen und großzügig mit den Korianderblättchen garniert servieren.

Kartoffelrösti, raffinierte

Einfach
24 Stück

Pro Stück:
E: 5 g, F: 9 g, Kh: 8 g, kJ: 586, kcal: 140

24	*TK-Kartoffelrösti (für den Backofen)*
500 g	*Käse mit Knoblauch (in Scheiben)*
16	*Cocktailtomaten*
3	*Möhren*
	Salzwasser
	frisch gemahlener, grober Pfeffer
einige Stängel	*Basilikum*
etwas	*Schnittlauch*

Zubereitungszeit: 30 Minuten
Backzeit: 16–18 Minuten

1. Den Backofen vorheizen.
Ober-/Unterhitze: etwa 220 °C
Heißluft: etwa 200 °C

2. Kartoffelrösti aus der Packung nehmen und auf ein Backblech (mit Backpapier belegt) legen. Das Backblech in den vorgeheizten Backofen schieben. Kartoffelrösti etwa 8 Minuten backen.

3. In der Zwischenzeit Käsescheiben diagonal halbieren. Tomaten abspülen, trocken tupfen, halbieren und die Stängelansätze herausschneiden. Möhren putzen, schälen, abspülen und abtropfen lassen. Die Möhren in dünne Scheiben schneiden. Salzwasser in einem Topf zum Kochen bringen. Möhrenscheiben darin etwa 3 Minuten garen, herausnehmen und in einem Sieb abtropfen lassen.

4. Die Kartoffelrösti wenden. Mit den Tomatenhälften, Möhrenscheiben und Käsescheiben belegen. Das Backblech wieder in den heißen Backofen schieben. Die Kartoffelrösti bei gleicher Backofentemperatur weitere 8–10 Minuten backen, bis der Käse zerlaufen ist.

5. Basilikum und Schnittlauch abspülen und trocken tupfen. Von den Basilikumstängeln die Blättchen abzupfen. Schnittlauch in feine Röllchen schneiden. Rösti nach Belieben mit Pfeffer bestreuen und mit den Kräutern garnieren.

Variante 1: Überbackene Mozzarella-Puffer. Dafür Kartoffelpuffer oder -rösti mit Salami-, Tomaten- und Mozzarella-Scheiben belegen, mit buntem Pfeffer bestreuen und wie oben beschrieben überbacken.

Variante 2: Kartoffelrösti mit Lachs. Dafür je 2 Rösti mit einer Scheibe Lachs, Crème fraîche und Kaviar anrichten, mit Zitrone und Dill garnieren.

Kartoffel-Schinken-Tortilla

Für Kinder

8 Portionen

Pro Portion:
E: 20 g, F: 22 g, Kh: 14 g, kJ: 1393, kcal: 332

750 g festkochende Kartoffeln
200 g Kochschinken
200 g roher Schinken
8 Eier (Größe M)
125 g Schlagsahne
Salz
frisch gemahlener Pfeffer
1–2 Knoblauchzehen
1 Bund glatte Petersilie
70 g Butterschmalz

Zubereitungszeit: 60 Minuten, ohne Abkühlzeit
Garzeit: etwa 25 Minuten

1. Kartoffeln gründlich waschen, mit Wasser bedeckt zum Kochen bringen und zugedeckt 20–25 Minuten garen. Die Kartoffeln abgießen, abdämpfen und heiß pellen. Kartoffeln erkalten lassen und in Scheiben schneiden.

2. Dann Kochschinken und rohen Schinken in Würfel schneiden. Eier mit Sahne verschlagen, mit Salz und Pfeffer würzen. Knoblauch abziehen, in sehr kleine Würfel schneiden und unter die Eiersahne rühren. Die Petersilie abspülen und trocken tupfen. Blättchen von den Stängeln zupfen. Blättchen grob zerschneiden.

3. Den Backofen vorheizen.
Ober-/Unterhitze: etwa 180 °C
Heißluft: etwa 160 °C

4. Jeweils etwas Butterschmalz in einer großen Pfanne erhitzen. Die Kartoffelscheiben darin portionsweise unter mehrmaligem Wenden anbraten. Mit Salz und Pfeffer würzen. Die Hälfte der Petersilie unter die Kartoffelscheiben rühren.

5. Die Kartoffelscheiben in eine große Auflaufform oder Fettpfanne (jeweils gefettet) geben. Die Eiersahne darauf verteilen. Mit Schinkenwürfeln bestreuen. Die Form auf dem Rost oder die Fettpfanne in den vorgeheizten Backofen schieben. Die Masse etwa 25 Minuten stocken lassen.

6. Die Tortilla in Stücke schneiden, auf Tellern anrichten, mit der restlichen Petersilie bestreut servieren.

Käsebrot

Etwas Besonderes

8 Scheiben

Pro Scheibe:
E: 6 g, F: 8 g, Kh: 18 g, kJ: 700, kcal: 167

8 Scheiben	*Stangenweißbrot oder Baguette (1 ½–2 cm dick)*
1 EL	*Olivenöl*
3 Blätter	*Kopfsalat*
1	*reife Birne*
1–2 TL	*Zitronensaft*
170 g	*Camembert- oder Brie-Käse*
etwas	*Schnittlauch*
70 g	*bittere Orangenmarmelade*
8	*Walnusskernhälften*

Zubereitungszeit: 15 Minuten

1. Die Brotscheiben dünn mit Olivenöl bestreichen und in einer Pfanne von einer Seite goldbraun rösten. Oder die Brotscheiben unter dem vorgeheizten Backofengrill rösten. Brotscheiben etwas abkühlen lassen.

2. Salatblätter waschen, trocken tupfen und in 8 Portionen teilen. Birne waschen, abtrocknen, halbieren, entkernen und in 8 Spalten schneiden. Birnenspalten mit Zitronensaft beträufeln.

3. Den Camembert- oder Brie-Käse in 8 gleich große Scheiben schneiden. Schnittlauch abspülen, trocken tupfen und in Röllchen schneiden.

4. Marmelade auf die Brotscheiben (geröstete Seite oben) streichen und mit den Salatblättern belegen. Zuerst die Birnenspalten, dann die Käsescheiben darauflegen. Die Käsebrote mit Schnittlauchröllchen und Walnusskernhälften garnieren.

Käsebrot, gefülltes

Für Gäste

6 Portionen

Pro Portion:
E: 17 g, F: 41 g, Kh: 31 g, kJ: 2362, kcal: 564

2 Stangenweißbrote (je etwa 250 g)
150 g weiche Butter
250 g Doppelrahm-Frischkäse
2 EL Tomatenmark
2 EL Remoulade
200 g magerer Kochschinken
1 Bund Frühlingszwiebeln
1 Bund Schnittlauch
2 Gewürzgurken (aus dem Glas)
Salz
frisch gemahlener, weißer Pfeffer
Paprikapulver edelsüß

Zubereitungszeit: 30 Minuten, ohne Kühlzeit

1. Stangenweißbrote waagerecht halbieren und die Weißbrothälften aushöhlen.

2. Butter und Frischkäse in einer Schüssel zu einer geschmeidigen Masse verrühren. Tomatenmark und Remoulade unterrühren.

3. Schinken in kleine Würfel schneiden. Die Frühlingszwiebeln putzen, waschen, abtropfen lassen und sehr klein schneiden. Schnittlauch abspülen, trocken tupfen und in feine Röllchen schneiden. Gurken abtropfen lassen und in kleine Würfel schneiden.

4. Schinkenwürfel, Frühlingszwiebelstückchen, Schnittlauchröllchen und Gurkenwürfel zur Butter-Frischkäse-Masse geben und gut unterrühren. Die Creme mit Salz, Pfeffer und Paprika abschmecken.

5. Die Weißbrothälften mit der Creme füllen und wieder zu einem Brot zusammensetzen. Die Brote einzeln in Alufolie wickeln und etwa 3 Stunden in den Kühlschrank legen.

6. Die Käsebrote vor dem Servieren mit einem elektrischen Messer in Scheiben schneiden.

Beilage: Tomatenketchup, mit Paprika gefüllte, grüne Oliven.

Käse-Gurken-Sandwiches

Einfach – schnell

8 Stück

Pro Stück:
E: 9 g, F: 16 g, Kh: 14 g, kJ: 1042, kcal: 249

Für die Walnussbutter:

100 g Walnusskerne
150 g weiche Butter
4–5 TL Birnendicksaft oder flüssiger Honig
Salz
frisch gemahlener Pfeffer

Für die Sandwiches:

16 Scheiben Toastbrot
8 Salatblätter
400 g Weichkäse mit Edelpilz
400 g Salatgurke
32 Walnusskernhälften

Zubereitungszeit: 30 Minuten

1. Für die Walnussbutter Walnusskerne fein mahlen und mit der Butter verrühren. Mit Birnendicksaft oder Honig, Salz und Pfeffer würzen.

2. Für die Sandwiches Brotscheiben toasten, abkühlen lassen und von einer Seite mit der Walnussbutter bestreichen. Salatblätter abspülen und trocken tupfen. 8 Toastbrotscheiben mit je 1 Salatblatt belegen.

3. Weichkäse in Scheiben schneiden. Gurke waschen, trocken tupfen und die Enden abschneiden. Die Gurke ebenfalls in Scheiben schneiden.

4. Die mit Salatblättern belegten Brotscheiben mit Gurkenscheiben, Käsescheiben und Walnusskernhälften belegen. Restliche Toastbrotscheiben darauflegen, leicht andrücken und diagonal halbieren.

Tipps: Sie können die Sandwiches bereits einige Stunden vor dem Verzehr zubereiten. Dann die Sandwiches einzeln in Frischhaltefolie wickeln oder in einer verschließbaren Dose aufbewahren. Die Walnussbutter nach Belieben mit etwas Williamsgeist verfeinern.

Käsestangen Einfach

Insgesamt:
E: 50 g, F: 121 g, Kh: 125 g, kJ: 7502, kcal: 1793

300 g TK-Blätterteig

Zum Bestreichen:
1 Eigelb
1 EL Milch

Für die Füllung:
75 g geriebener Appenzeller-Käse
Paprikapulver edelsüß
frisch gemahlener Pfeffer

Zum Bestreuen:
etwas Hagelsalz
einige Mohnsamen
einige Sesamsamen
einige Kümmelsamen

Zubereitungszeit: 25 Minuten, ohne Auftauzeit
Backzeit: etwa 15 Minuten je Backblech

1. Blätterteigplatten nebeneinander zugedeckt nach Packungsanleitung auftauen lassen. Die Teigplatten aufeinanderlegen und auf einer leicht bemehlten Arbeitsfläche zu einem Rechteck (etwa 20 x 40 cm) ausrollen.

2. Den Backofen vorheizen.
Ober-/Unterhitze: etwa 200 °C
Heißluft: etwa 180 °C

3. Zum Bestreichen Eigelb mit Milch verschlagen. Die Teigplatte mit etwas von der Eigelbmilch bestreichen.

4. Für die Füllung die Hälfte der Teigplatte mit geriebenem Käse belegen, mit Paprika und Pfeffer bestreuen. Die nicht belegte Teighälfte darüberklappen, gut andrücken und in etwa 1 cm breite Streifen schneiden.

5. Die einzelnen Teigstreifen spiralförmig drehen und auf Backbleche (mit Backpapier belegt) legen. Die Enden der Käsestangen etwas fest drücken und mit der restlichen Eigelbmilch bestreichen. Mit Hagelsalz, Mohn-, Sesam- und Kümmelsamen bestreuen. Die Backbleche nacheinander (bei Heißluft zusammen) in den vorgeheizten Backofen schieben. Die Käsestangen etwa 15 Minuten je Backblech backen.

6. Die Käsestangen mit dem Backpapier von den Backblechen auf Kuchenroste ziehen. Käsestangen erkalten lassen.

Variante: Käsestangen mit Bacon.
Die Käsestangen schmecken noch würziger, wenn Sie zusätzlich 75 g Bacon (Frühstücksspeck) in feine Streifen schneiden und zusammen mit dem Käse auf die Teigplatte geben.

Tipps: Die Käsestangen schmecken frisch am besten. Sie können auch eingefroren und vor dem Verzehr kurz aufgebacken werden.

Käse-Wraps

Vegetarisch

12 Stück

Pro Stück:
E: 8 g, F: 13 g, Kh: 8 g, kJ: 767, kcal: 184

Für den Teig:
- *80 g Butter oder Margarine*
- *1 TL Fenchelsamen*
- *80 g Weizenmehl*
- *2 Eier (Größe M)*
- *½ gestr. TL Salz*
- *100 g geriebener Parmesan-Käse*
- *100 g geriebener Raclette-Käse*
- *1–2 TL gerebelter Thymian*
- *125 ml (⅛ l) Milch*

Für den Salat:
- *80 g Rucola (Rauke)*
- *250 g Möhren*
- *2 EL Balsamico-Essig*
- *Salz*
- *frisch gemahlener Pfeffer*
- *1 TL mittelscharfer Senf*
- *2 EL Olivenöl*
- *30 g gehackte Haselnusskerne*

Zubereitungszeit: 90 Minuten, ohne Abkühlzeit
Backzeit: etwa 12 Minuten je Backblech

1. Den Backofen vorheizen.
Ober-/Unterhitze: etwa 200 °C
Heißluft: etwa 180 °C

2. Für den Teig die Butter oder Margarine zerlassen. Fenchelsamen im Mörser zerstoßen. Mehl, Eier, Salz, beide Käsesorten, Thymian, Fenchel, Butter oder Margarine und Milch in eine Rührschüssel geben. Die Zutaten mit Handrührgerät mit Rührbesen verrühren.

3. Den Teig esslöffelweise in großen Abständen voneinander auf Backbleche (mit Backpapier belegt) geben und zu runden Fladen (Ø etwa 14 cm) verstreichen. Die Backbleche nacheinander (bei Heißluft zusammen) in den vorgeheizten Backofen schieben. Die Fladen etwa 12 Minuten je Backblech backen.

4. Die fertigen Fladen noch heiß vom Backpapier nehmen. Die Fladen jeweils bis zur Mitte einmal einschneiden und zu einer Tüte formen. Die Tüten in Gläser oder Tassen setzen und erkalten lassen.

5. Für den Salat Rucola putzen und die dicken Stiele herausschneiden. Rucola waschen und abtropfen lassen oder trocken schleudern. Möhren putzen, schälen, abspülen, abtropfen lassen und grob raspeln.

6. Essig mit Salz, Pfeffer und Senf verrühren. Olivenöl unterschlagen. Die Sauce evtl. nochmals mit den Gewürzen abschmecken. Rucola, Möhrenraspel und Haselnusskerne in eine Schüssel geben und mit der Sauce vermengen.

7. Die Fladentüten mit dem Salat füllen. Fladentüten evtl. mit kleinen Holzstäbchen feststecken oder in Pergamentpapiertüten wickeln.

Tipps: Wraps sind gefüllte und aufgewickelte Teigfladen. Wer die Fladen nicht selbst machen möchte, kann sie auch fertig kaufen. Es gibt sie in unterschiedlichen Größen, z. B. unter den Namen „Soft Tacos“, „Spinach Wraps“ oder „Wrap Tortillas“ im Handel. Die Teigfladen vor dem Füllen nach Packungsanleitung erwärmen, damit sie geschmeidiger sind.

Kasseler-Kürbis-Spießchen

Einfach

24 Spieße

Pro Spieß:

E: 4 g, F: 4 g, Kh: 1 g, kJ: 265, kcal: 63

4 dicke Scheiben Kasseler Rücken (je etwa 100 g)
400 g eingelegter Kürbis (aus dem Glas)
2 Zucchini (etwa 300 g)
4 EL Speiseöl
Salz, frisch gemahlener Pfeffer

Außerdem:

kleine Holzspieße

Zubereitungszeit: 35 Minuten, ohne Abkühlzeit

1. Kasselerscheiben mit Küchenpapier trocken tupfen und in etwa 2 cm große Würfel schneiden.

2. Den Kürbis in einem Sieb abtropfen lassen und 48 gleich große Würfel aussuchen. Zucchini waschen, abtrocknen und die Enden abschneiden. Zucchini in etwa 7 mm dicke Scheiben schneiden.

3. Speiseöl in einer Pfanne erhitzen. Zuerst die Kasselerwürfel, dann Zucchinischeiben und Kürbiswürfel kurz darin anbraten. Mit Salz und Pfeffer würzen. Abkühlen lassen.

4. Kasselerwürfel, Zucchinischeiben und Kürbiswürfel auf Holzspieße stecken und auf einer Platte anrichten.

Kichererbsen-Sprossen-Salat

Einfach

4–6 Portionen

Pro Portion:

E: 18 g, F: 21 g, Kh: 17 g, kJ: 1383, kcal: 331

Für die Vinaigrette:

1 Bio-Limette (unbehandelt, ungewachst)
1 Vanilleschote
100 ml Passionsfruchtsaft
1 TL Zucker oder flüssiger Honig
Salz
1/4 TL Cayennepfeffer
50 ml Olivenöl

240 g Kichererbsen (aus der Dose)
500 g Sojasprossen

18 rohe Garnelen (ohne Kopf, mit Schale)
1 kleine Chilischote
5 Stängel Rosmarin
2 Knoblauchzehen
4 EL Olivenöl
Salz, frisch gemahlener Pfeffer

Zubereitungszeit: 40 Minuten

1. Für die Vinaigrette Limette heiß abwaschen, abtrocknen und die Schale abreiben. Vanilleschote längs aufschneiden und das Mark mit einem Messerrücken herausschaben. Den Passionsfruchtsaft mit Limettenschale, Vanillemark, Zucker oder Honig verrühren. Mit Salz und Cayennepfeffer abschmecken. Olivenöl nach und nach unterschlagen.

2. Die Kichererbsen in ein Sieb geben, kurz mit warmen Wasser abspülen und abtropfen lassen. Sprossen ebenfalls in ein Sieb geben, mit Wasser abspülen und abtropfen lassen.

3. Sojasprossen in kochendem Wasser kurz blanchieren, mit kaltem Wasser abschrecken und abtropfen lassen. Die noch warmen Sojasprossen mit den Kichererbsen und der Vinaigrette vermischen.

4. Garnelen schälen und jeweils den Darm entfernen. Garnelen unter fließendem kalten Wasser abspülen und trocken tupfen. Chilischote abspülen, trocken tupfen, entstielen, entkernen und in feine Ringe schneiden. Rosmarin abspülen und trocken tupfen. Die Nadeln von den Stängeln zupfen. Einige Rosmarinspitzen zum Garnieren beiseitelegen. Restliche Nadeln fein hacken. Knoblauch abziehen und in kleine Würfel schneiden.

5. Chiliringe, Rosmarin und Knoblauchwürfel mit Olivenöl verrühren. Mit Salz und Pfeffer würzen. Die Garnelen mit der Marinade übergießen.

6. Eine Pfanne leicht erwärmen. Die Garnelen mit der Marinade in die Pfanne geben und unter Wenden anbraten. Kichererbsen-Sprossen-Salat mit den gebratenen Garnelen anrichten. Mit den beiseitegelegten Rosmarinspitzen garnieren.

Tipps: Statt Passionsfruchtsaft kann auch Maracujasaft verwendet werden. Nach Belieben den Salat mit 2 Esslöffeln frisch gezupften Rosmarinblüten garnieren.

Knoblauchbrot und -pilze mit Gazpacho-Dip

Raffiniert

4 Portionen

Pro Portion:
E: 14 g, F: 32 g, Kh: 69 g, kJ: 2616, kcal: 624

1 Stangenweißbrot oder Ciabatta (etwa 500 g)
4 Knoblauchzehen
200 ml Olivenöl

150 g Champignons
150 g Austernpilze
1 kleine, rote Paprikaschote (etwa 220 g)
Salz
frisch gemahlener Pfeffer

Für den Gazpacho-Dip:
1 kleine Salatgurke (etwa 250 g)
je 1 rote und grüne Paprikaschote (je etwa 220 g)
1 Fleischtomate (etwa 150 g)
2 Sardellenfilets
Knoblauchpulver
etwas Olivenöl

Zubereitungszeit: 50 Minuten

1. Stangenweißbrot oder Ciabatta in dünne Scheiben schneiden. Knoblauch abziehen und in kleine Würfel schneiden. Etwas von dem Olivenöl in einer großen Pfanne erhitzen. Die Hälfte der Knoblauchwürfel darin andünsten. Weißbrot- oder Ciabattascheiben hinzufügen, portionsweise von beiden Seiten anrösten und herausnehmen.

2. Champignons putzen, mit Küchenpapier abreiben, evtl. kurz abspülen, trocken tupfen und halbieren. Austernpilze mit einem trockenen Pinsel reinigen und dritteln (Austernpilze verlieren zu viel Aroma, wenn sie gewaschen werden).

3. Paprikaschote halbieren, entstielen, entkernen und die weißen Scheidewände entfernen. Schotenhälften

waschen, trocken tupfen und danach in kleine Würfel schneiden.

4. Restliches Olivenöl in einer Pfanne erhitzen. Restliche Knoblauchwürfel, Paprikawürfel und Pilzstücke darin andünsten. Mit Salz und Pfeffer bestreuen.

5. Für den Dip Gurke evtl. schälen, waschen, abtrocknen und in Stücke schneiden. Paprikaschoten wie unter Punkt 3 beschrieben in Würfel schneiden. Tomate abspülen, trocken tupfen, kreuzweise einschneiden, kurz in kochendes Wasser legen und in kaltem Wasser abschrecken. Die Tomate enthäuten, halbieren, entkernen und die Stängelansätze herausschneiden. Tomatenhälften in kleine Würfel schneiden. Sardellenfilets ebenfalls in Stücke schneiden. Die vorbereiteten Dip-Zutaten in einen hohen Rührbecher geben und pürieren. Mit Salz, Pfeffer und Knoblauch herzhaft würzen. Etwas Olivenöl unterrühren.

6. Die Brotscheiben mit der Pilz-Paprika-Mischung auf einer Platte anrichten. Den Gazpacho-Dip dazureichen.

Kohlrabiwickel Raffiniert

36 Stück

Pro Stück:
E: 4 g, F: 1 g, Kh: 3 g, kJ: 148, kcal: 35

1 Kohlrabi (etwa 500 g)
Salz
500 g Hähnchenbrustfilet
3 EL Speiseöl
frisch gemahlener Pfeffer
180 g Mungobohnenkeime (aus dem Glas)
250 g Staudensellerie

200 ml süßscharfe Sauce

Außerdem:
36 Holzstäbchen

Zubereitungszeit: 60 Minuten, ohne Abkühlzeit

1. Kohlrabi schälen, abspülen und abtropfen lassen. Rundherum etwa ein Viertel des Kohlrabis abschneiden, sodass ein großer Würfel entsteht. Von dem Kohlrabiwürfel 36 dünne Scheiben mit einem Gemüsehobel oder einer Aufschnittmaschine abschneiden. Die Kohlrabischeiben mit Salz bestreuen und bis zur weiteren Verwendung Saft ziehen lassen.

2. Hähnchenbrustfilet unter fließendem kalten Wasser abspülen, trocken tupfen und in möglichst dünne Streifen schneiden. Speiseöl in einer Pfanne erhitzen. Die Fleischstreifen darin von allen Seiten goldbraun braten. Mit Salz und Pfeffer würzen. Fleischstreifen herausnehmen und erkalten lassen.

3. Die Mungobohnenkeime in einem Sieb abtropfen lassen. Staudensellerie putzen und die harten Außenfäden abziehen. Selleriestangen abspülen, abtropfen lassen und in dünne Scheiben schneiden.

4. Die Kohlrabischeiben trocken tupfen. Mit Selleriescheiben, Mungobohnenkeimen und Hähnchenstreifen belegen. Die Kohlrabischeiben aufrollen und mit Holzstäbchen feststecken.

5. Kohlrabiwickel mit der Sauce servieren.

Königinpastete Klassisch

4 Portionen

Pro Portion:
E: 36 g, F: 23 g, Kh: 20 g, kJ: 1840, kcal: 438

750 g Hühnerbrust mit Knochen
1 l Wasser
Salz
60 g Champignons (aus der Dose)
30 g Butter oder Margarine
30 g Weizenmehl
250 ml (1/4 l) Fleischbrühe (von der Hühnerbrust)
6 EL Schlagsahne
3 EL Champignonflüssigkeit (aus der Dose)
frisch gemahlener Pfeffer
etwas Zitronensaft

4 Blätterteigpasteten (Fertigprodukt)

Zum Garnieren:
1 Tomate
1 Bio-Zitrone (unbehandelt, ungewachst)
einige Petersilienblättchen

Zubereitungszeit: 35 Minuten, ohne Abkühlzeit
Garzeit: etwa 30 Minuten

1. Hühnerbrust unter fließendem kalten Wasser abspülen und trocken tupfen. Wasser in einem Topf zum Kochen bringen. Salz und Hühnerbrust hinzugeben, wieder zum Kochen bringen und zugedeckt in etwa 30 Minuten gar kochen.

2. Hühnerbrust mit einem Schaumlöffel herausnehmen, abkühlen lassen und die Knochen herauslösen. Hühnerbrust in kleine Würfel schneiden. Die Brühe durch ein Sieb gießen und 250 ml (1/4 l) abmessen.

3. Champignons in einem Sieb abtropfen lassen, die Flüssigkeit auffangen und 3 Esslöffel abmessen. Butter oder Margarine in einem Topf zerlassen. Mehl darin unter Rühren so lange erhitzen, bis es hellgelb ist. Abgemessene Brühe hinzugießen und mit einem Schneebesen durchschlagen. Darauf achten, dass keine Klümpchen entstehen.

4. Champignons mit den Fleischwürfeln hinzufügen. Sahne und die Champignonflüssigkeit unterrühren. Das Ragout mit Salz, Pfeffer und Zitronensaft abschmecken, nochmals erhitzen und warm stellen.

5. Von den Pasteten jeweils einen Deckel abschneiden. Pasteten mit den Deckeln auf ein Backblech (mit Backpapier belegt) legen und nach Packungsanleitung kurz aufbacken.

6. Zum Garnieren Tomate abspülen, trocken tupfen, halbieren und den Stängelansatz entfernen. Tomate in Spalten schneiden. Zitrone heiß abwaschen, abtrocknen und in Spalten schneiden. Petersilienblättchen abspülen und trocken tupfen.

7. Die Pasteten vom Backblech nehmen. Das Ragout in den Pasteten verteilen. Die Pasteten mit Tomatenspalten, Zitronenspalten und Petersilienblättchen garniert servieren.

Tipp: Die Pasteten-Deckel nach Belieben wieder auf die gefüllten Pasteten legen.

Kräuter-Flammeküchle Einfach

4 Portionen

Pro Portion:
E: 7 g, F: 16 g, Kh: 40 g, kJ: 1374, kcal: 330

Für den Hefeteig:

200 g	*Weizenmehl*
½ TL	*Dr. Oetker Trockenbackhefe*
125 ml (⅛ l)	*lauwarmes Wasser*
½ gestr. TL	*Salz*
½ TL	*Zucker*
1 ½ EL	*Olivenöl*
etwas	*Weizenmehl*

Für den Belag:

1 Bund	*gemischte Kräuter, z. B. Schnittlauch, Petersilie, Kerbel, Dill, Basilikum*
2–3	*Cocktailtomaten*
150 g	*Crème fraîche*
	Salz, frisch gemahlener Pfeffer

Zubereitungszeit: 25 Minuten, ohne Ruhezeit
Backzeit: 10–12 Minuten

1. Für den Teig das Mehl in eine Rührschüssel geben und mit der Trockenbackhefe sorgfältig vermischen. Wasser, Salz, Zucker und Olivenöl hinzufügen. Die Zutaten mit Handrührgerät mit Knethaken zunächst kurz auf niedrigster, dann auf höchster Stufe in etwa 5 Minuten zu einem glatten Teig verarbeiten. Den Teig zugedeckt an einem warmen Ort etwa 30 Minuten ruhen lassen.

2. In der Zwischenzeit den Backofen vorheizen.
Ober-/Unterhitze: etwa 240 °C
Heißluft: etwa 220 °C

3. Den Teig leicht mit Mehl bestäuben, aus der Schüssel nehmen, auf einer leicht bemehlten Arbeitsfläche nochmals kurz durchkneten und zu einem großen Oval ausrollen. Das Teigstück auf ein Backblech (mit Backpapier belegt) legen. Das Backblech in den vorgeheizten Backofen schieben und die Flammeküchle 10–12 Minuten backen.

4. In der Zwischenzeit für den Belag Kräuter abspülen und trocken tupfen. Die Spitzen bzw. Blättchen von den Stängeln zupfen. Die Tomaten abspülen, trocken tupfen, halbieren und die Stängelansätze entfernen. Tomaten nach Belieben in Scheiben schneiden.

5. Flammeküchle vom Backblech nehmen und noch warm mit Crème fraîche bestreichen. Vorbereitete Kräuter und Tomatenhälften oder -scheiben darauf verteilen. Mit Salz und Pfeffer bestreuen.

6. Flammeküchle in Streifen schneiden und lauwarm servieren.

Kräutergarnelen, gegrillte

Für Gäste – mit Alkohol
4 Portionen

Pro Portion:
E: 65 g, F: 10 g, Kh: 3 g, kJ: 1519, kcal: 364

etwa 20 große Garnelenschwänze (je etwa 80 g, mit Schale)

Für die Marinade:
50 ml Olivenöl
1 EL Cognac
1 EL frische, gehackte Kräuter, z. B. Estragon, Basilikum, Kerbel oder glatte Petersilie
grobes Meersalz
frisch gemahlener Pfeffer
Cayennepfeffer

Zubereitungszeit: 25 Minuten, ohne Marinierzeit
Grillzeit: 5–6 Minuten

1. Von den Garnelenschwänzen die Schale entfernen. Die Garnelen am Rücken einschneiden und den Darm entfernen. Garnelen unter fließendem kalten Wasser abspülen, trocken tupfen und in eine große, flache Schale legen.

2. Für die Marinade Olivenöl mit Cognac, Kräutern, Meersalz, Pfeffer und Cayennepfeffer verrühren. Die Garnelen damit bestreichen und anschließend zugedeckt etwa 60 Minuten durchziehen lassen.

3. In der Zwischenzeit den Backofengrill vorheizen.

4. Die Garnelen aus der Schale nehmen und auf einen mit Alufolie belegten Backofenrost legen. Den Rost unter den vorgeheizten Backofengrill schieben. Die Garnelen unter gelegentlichem Wenden 5–6 Minuten grillen. Garnelen während des Grillens mit der Marinade bestreichen.

Beilage: Baguettescheiben mit Kräuter- oder Knoblauchbutter bestrichen.

Kräuteroliven Für Gäste

4–6 Portionen

Pro Portion:
E: 1 g, F: 37 g, Kh: 2 g, kJ: 1436, kcal: 343

100 g grüne, entsteinte Oliven
65 g schwarze, entsteinte Oliven
6 Stängel Basilikum
½ Bund glatte Petersilie
2 Knoblauchzehen
2 rote Chilischoten
150 ml Olivenöl

Zubereitungszeit: 20 Minuten, ohne Durchziehzeit

1. Grüne und schwarze Oliven in einem Sieb abtropfen lassen, auf Küchenpapier legen, trocken tupfen.

2. Basilikum und Petersilie abspülen, trocken tupfen. Die Blättchen von den Stängeln zupfen. Blättchen in feine Streifen schneiden. Knoblauch abziehen und in dünne Scheiben schneiden. Chilischoten abspülen, trocken tupfen, der Länge nach aufschneiden und entkernen. Anschließend Chilis in sehr kleine Würfel schneiden.

3. Die Oliven mit Basilikum-, Petersilienstreifen, Knoblauchscheiben und Chiliwürfeln mischen, in ein vorbereitetes Glas geben und mit Olivenöl übergießen. Das Glas mit einem Twist-off-Deckel® verschließen.

4. Die Oliven 2–3 Tage an einem kühlen Ort stehen lassen, dabei das Glas gelegentlich schütteln.

Tipp: Die Oliven sind kalt gestellt mindestens 1 Woche haltbar.

Kroepoek-Häppchen, pikante

Raffiniert – schnell

4 Portionen

Pro Portion:

E: 21 g, F: 15 g, Kh: 41 g, kJ: 1622, kcal: 388

300 g	*Hähnchenbrustfilet*
2 EL	*Speisestärke*
3 EL	*Reisessig oder Weißweinessig*
	Salz
je 1	*grüne, rote und gelbe Paprikaschote*
1 Bund	*Frühlingszwiebeln*
1 kleines Stück	*Ingwer*
2	*Knoblauchzehen*
1 EL	*Zucker*
2 EL	*Sojasauce*
2 EL	*Fischsauce (erhältlich im Asialaden)*

Zum Ausbacken:

1 l	*neutrales Speiseöl*
100 g	*Kroepoek (Krabbenbrot zum Ausbacken)*
2–3 EL	*Olivenöl*
	frisch gemahlener Pfeffer

Zubereitungszeit: 30 Minuten

1. Das Hähnchenbrustfilet unter fließendem kalten Wasser abspülen, trocken tupfen und in erbsengroße Stücke schneiden. 1 Esslöffel Speisestärke mit 2 Esslöffeln Wasser verrühren. 1 Esslöffel Essig und 1 Prise Salz unterrühren. Die Marinade unter die Fleischstückchen mengen.

2. Die Paprikaschoten halbieren, entstielen, entkernen und die weißen Scheidewände entfernen. Schotenhälften waschen, abtropfen lassen und in sehr kleine Würfel schneiden. Frühlingszwiebeln putzen, waschen, trocken tupfen und in dünne Ringe schneiden. Ingwer schälen und fein reiben. Knoblauch abziehen und klein würfeln.

3. Die restliche Speisestärke mit 2 Esslöffeln Wasser anrühren. Restlichen Essig, Zucker und jeweils 1 Esslöffel Soja- und Fischsauce unterrühren.

4. Zum Ausbacken Speiseöl in einem Topf oder einer Fritteuse auf etwa 170 °C erhitzen. Dann die Kroepoek-Scheiben darin portionsweise etwa 30 Sekunden ausbacken. Dabei die Scheiben häufiger wenden, da sie sich wölben und rundherum weiß bleiben sollen (sonst schmecken sie bitter). Ausgebackene Kroepoek-Scheiben mit einem Schaumlöffel herausnehmen und auf Küchenpapier abtropfen lassen.

5. Olivenöl in einer Pfanne erhitzen. Die marinierten Hähnchenstückchen darin unter Rühren anbraten. Die Paprikawürfel, Frühlingszwiebelringe, Ingwer und Knoblauchwürfel unterrühren, kurz mitbraten lassen. Die angerührte Essig-Sojasaucen-Mischung unterrühren, zum Kochen bringen und etwa 1 Minute kochen lassen.

6. Die Hähnchen-Gemüse-Mischung mit restlicher Sojasauce, Fischsauce, Salz und Pfeffer abschmecken. Die ausgebackenen Kroepoek-Scheiben mit der Hähnchen-Gemüse-Mischung füllen und sofort servieren. Sie weichen sehr schnell durch.

Tipp: Nach Belieben die Häppchen mit Peperoniblüten und „Frühlingszwiebelbürsten“ garnieren.

Lachs-Frischkäse-Torte

Für Gäste

12 Portionen

Pro Portion:

E: 14 g, F: 30 g, Kh: 3 g, kJ: 1454, kcal: 348

Für die weiße Creme:

400 g Doppelrahm-Frischkäse
1–2 TL Schweizer Kräutermischung

Für die Lachscreme:

600 g Doppelrahm-Frischkäse
300 g Graved Lachs
Salz
etwas Zitronensaft
2–3 Bund Dill

2 Bio-Zitronen (unbehandelt, ungewachst)

Zubereitungszeit: 25 Minuten, ohne Gefrierzeit

1. Für die weiße Creme Frischkäse mit der Kräutermischung verrühren. Die Masse in eine Springform (Ø 18 cm, mit Backpapier ausgelegt) geben und glatt streichen.

2. Für die Lachscreme Frischkäse glatt rühren. Einige Scheiben Lachs zum Garnieren beiseitelegen. Restliche Lachsscheiben in kleine Würfel schneiden und unter die Frischkäsemasse rühren. Mit Salz und Zitronensaft abschmecken.

3. Dill abspülen und trocken tupfen. Die Spitzen von den Stängeln zupfen. Spitzen klein schneiden. Ein Drittel davon unter die Lachscreme heben. Die Lachscreme auf die weiße Creme in die Springform geben und glatt streichen. Die Form etwa 60 Minuten in den Gefrierschrank stellen, damit sich die Torte besser schneiden lässt.

4. Die Lachs-Frischkäse-Torte aus der Springform lösen. Das Backpapier abziehen. Zitronen abwaschen, abtrocknen und in dünne Scheiben schneiden.

5. Die Torte auf einer mit Zitronenscheiben ausgelegten Platte anrichten. Den Tortenoberflächenrand mit dem restlichen Dill bestreuen. Die Torte mit den restlichen Lachsscheiben, einigen Zitronenscheiben und den beiseitegelegten Dillspitzen garnieren.

Tipp: Anstelle der Schweizer Kräutermischung können Sie die weiße Creme auch mit Salz, Pfeffer, gerebeltem Oregano und etwas Worcestersauce würzen.

Lachsröllchen

Raffiniert

24 Stück

Pro Stück:

E: 5 g, F: 11 g, Kh: 8 g, kJ: 377, kcal: 90

250 ml (1/4 l)	*Milch*
1 Beutel	*Kartoffelpüree mit Milch (für 3 Portionen)*
1 Bund	*Dill*
1 EL	*körniger Senf*
100 g	*Crème fraîche*
	Salz, frisch gemahlener Pfeffer
1 Prise	*Zucker*
400 g	*Räucherlachs (in dünnen Scheiben)*

Zubereitungszeit: 35 Minuten, ohne Kühlzeit

1. Die Milch in einem Topf aufkochen lassen und in eine Schüssel gießen. Püreeflocken hinzufügen und mit einem Kochlöffel unterrühren. Nach etwa 1 Minute nochmals kräftig durchrühren. Püree erkalten lassen.

2. Den Dill abspülen und trocken tupfen. Die Spitzen von den Stängeln zupfen. Die Hälfte der Spitzen klein schneiden. Restliche Dillspitzen beiseitelegen. Den gehackten Dill, den Senf und Crème fraîche mit dem Kartoffelpüree verrühren. Mit Salz, Pfeffer und Zucker würzen. Aus der Püreemasse mit angefeuchteten Händen 2 lange Rollen (je etwa 36 cm Länge) formen.

3. Ein etwa 50 cm langes Stück Frischhaltefolie auf eine Arbeitsfläche legen. Die Hälfte der Lachsscheiben zu einem Rechteck (etwa 15 x 36 cm) darauflegen. Dabei die Lachsscheiben leicht überlappen lassen. Etwas von den beiseitegelegten Dillspitzen darauf verteilen.

4. Eine Püreerolle in die Mitte des Lachsrechtecks legen. Den Lachs mithilfe der Folie um die Rolle wickeln, in der Folie fest aufrollen. Restliche Lachsscheiben, etwas Dill und die zweite Püreerolle ebenso zubereiten. Die Rollen etwa 60 Minuten kalt stellen.

5. Die Rollen aus der Folie lösen, in etwa 3 cm breite Stücke schneiden und auf einer Platte anrichten. Die Lachsröllchen mit den restlichen Dillspitzen garnieren.

Lachstatar mit neuen Kartoffeln, angebratenes

Raffiniert – für Gäste

4 Portionen

Pro Portion:
E: 33 g, F: 36 g, Kh: 31 g, kJ: 2423, kcal: 58

600 g	*neue Kartoffeln*
	Meersalz
	grob gemahlener Pfeffer
2–3 EL	*Olivenöl*
6	*Schalotten*
600 g	*Lachsfilet (ohne Haut und Gräten)*
1	*säuerlicher Apfel (etwa 200 g)*
1	*kleine Bio-Salatgurke (etwa 200 g)*
1 Bund	*Dill*
4 EL	*Walnussöl*
	Saft von
1	*Zitrone*
125 g	*Crème fraîche*

Zubereitungszeit: 45 Minuten
Garzeit: etwa 50 Minuten

1. Den Backofen vorheizen.
Ober-/Unterhitze: etwa 200 °C
Heißluft: etwa 180 °C

2. Kartoffeln unter fließendem kalten Wasser gründlich abbürsten, trocken tupfen und halbieren. Die Schnittflächen mit Salz und Pfeffer bestreuen, mit etwas Olivenöl bestreichen. Kartoffelhälften auf einem Backblech verteilen. Das Backblech in den vorgeheizten Backofen schieben. Die Kartoffelhälften etwa 50 Minuten garen.

3. Die Schalotten abziehen. 3 Schalotten zuerst in Scheiben schneiden, dann in Ringe teilen. Restliche Schalotten klein würfeln.

4. Die Schalottenringe nach der Hälfte der Garzeit zu den Kartoffelhälften geben und mitgaren lassen.

5. Lachsfilet unter fließendem kalten Wasser abspülen, trocken tupfen und in sehr kleine Würfel schneiden. Apfel waschen, abtrocknen, vierteln, entkernen und anschließend mit der Schale in sehr kleine Würfel schneiden.

6. Gurke waschen, trocken tupfen und die Enden abschneiden. Von der Gurke (mit Schale) 24 dünne Scheiben abschneiden und beiseitelegen.

7. Restliche Gurke in kleine Würfel schneiden und in eine Schüssel geben. Schalotten-, Lachsfilet- und Apfelwürfel untermischen.

8. Dill abspülen und trocken tupfen. Die Spitzen von den Stängeln zupfen (einige Dillspitzen zum Garnieren beiseitelegen). Spitzen klein schneiden.

9. Lachstatar kräftig mit Salz und Pfeffer würzen. Walnussöl und Dill untermischen. Mit Zitronensaft abschmecken.

10. Das Lachstatar in 4 gleich große Portionen teilen. 4 Ausstechförmchen (Ø 6–8 cm) auf ein Backblech setzen. Danach das Lachstatar hineingeben und fest andrücken.

11. Restliches Olivenöl in einer Pfanne erhitzen. Lachstatar (in den Ausstechformen) in die Pfanne geben, dann Ausstechformen vorsichtig hochziehen und entfernen. Lachstatar kurz von beiden Seiten anbraten.

12. Jeweils 6 der beiseitegelegten Gurkenscheiben in Form eines Kreises auf einer Platte oder 4 Tellern anrichten.

13. Lachstatar vorsichtig mit einem Pfannenwender aus der Pfanne heben und in die Mitte der Gurkenkreise setzen. Je einen Klecks Crème fraîche auf das Lachstatar geben und mit den beiseitegelegten Dillspitzen garnieren. Mit den gebackenen Kartoffelhälften servieren.

Tipp: Sie können auch TK-Lachsfilet verwenden. Dann das Lachsfilet nach Packungsanleitung auftauen lassen, abspülen und gut trocken tupfen.

Lammbällchen mit Joghurt-Tomaten-Gurkensalat

Etwas Besonderes

4 Portionen

Pro Portion:
E: 17 g, F: 32 g, Kh: 9 g, kJ: 1665, kcal: 398

1 Möhre
1 Bund glatte Petersilie
250 g Lammhackfleisch
1 Msp. Cayennepfeffer
1 Msp. gemahlener Kreuzkümmel
1 Msp. gemahlener Zimt
1 Msp. gerebelter Majoran
70 g fein gehackte Walnusskerne
1 TL Grenadinesirup
1 Eigelb (Größe M)
2 EL Olivenöl
Salz
frisch gemahlener Pfeffer

2 EL Olivenöl

Für den Joghurt-Tomaten-Gurkensalat:
½ Gurke (etwa 300 g)
2–3 Tomaten
2 Stängel Minze
200 g Joghurt
1 EL Olivenöl
1–2 EL Zitronensaft

Zubereitungszeit: 40 Minuten, ohne Durchziehzeit
Bratzeit: 6–8 Minuten

1. Möhre putzen, schälen, abspülen, abtropfen lassen und in sehr kleine Würfel schneiden oder raspeln. Die Petersilie abspülen und trocken tupfen. Die Blättchen von den Stängeln zupfen. Blättchen klein schneiden.

2. Hackfleisch in eine Rührschüssel geben. Möhrenwürfel oder -raspel, Cayennepfeffer, Kreuzkümmel, Zimt, Majoran, gehackte Walnusskerne, Grenadinesirup, Eigelb, gehackte Petersilie und Olivenöl hinzufügen. Die Zutaten unter die Hackfleischmasse kneten. Mit Salz und Pfeffer würzen. Die Masse kalt gestellt etwa 30 Minuten durchziehen lassen.

3. Aus der Hackfleischmasse mit angefeuchteten Händen 16 Bällchen formen. Olivenöl in einer großen Pfanne erhitzen. Die Bällchen darin von allen Seiten anbraten und in 6–8 Minuten fertig braten. Lammbällchen warm stellen.

4. Für den Salat Gurke waschen, abtrocknen und die Enden abschneiden. Gurke der Länge nach halbieren und entkernen. Eine Gurkenhälfte in etwa 1 cm große Würfel schneiden. Tomaten abspülen, trocken tupfen, halbieren und die Stängelansätze entfernen. Tomatenhälften in kleine Würfel schneiden und mit den Gurkenwürfeln vermischen. Minze abspülen und trocken tupfen. Die Blättchen von den Stängeln zupfen (einige Blättchen zum Garnieren beiseitelegen). Restliche Blättchen klein schneiden.

5. Joghurt mit Olivenöl und Minze verrühren. Mit Zitronensaft, Salz und Pfeffer würzen. Die Joghurtsauce unter die Gurken- und Tomatenwürfel heben.

6. Lammbällchen mit dem Salat anrichten und mit den beiseitegelegten Minzeblättchen garnieren.

Langostinos mit Sherrysauce

Etwas teurer - mit Alkohol

8–10 Portionen

Pro Portion:

E: 7 g, F: 10 g, Kh: 2 g, kJ: 542, kcal: 130

500 g frische Langostinos mit Schale oder 350 g TK-Langostinos

Für die Sherrysauce:

125 g Schlagsahne
1 geh. TL Dr. Oetker Sahnesteif
2 geh. EL Delikatessmayonnaise
3 EL Sherry
Salz, frisch gemahlener Pfeffer
Zucker
Zitronensaft

30 g weiche Butter

etwas vorbereitete glatte Petersilie
einige Bio-Zitronenspalten

Zubereitungszeit: 50 Minuten
Grillzeit: etwa 8 Minuten

1. Das Fleisch der frischen Langostinos aus den Schalen lösen (Darm herausziehen). TK-Langostinos nach Packungsanleitung auftauen lassen. Langostinos unter fließendem kalten Wasser abspülen und trocken tupfen.

2. Den Backofengrill vorheizen.

3. Für die Sauce Sahne mit Sahnesteif steif schlagen. Mayonnaise und den Sherry vorsichtig unterschlagen. Die Sauce mit Salz, Pfeffer, Zucker und Zitronensaft würzen.

4. Die Langostinos auf einen Backofenrost (mit Alufolie belegt) legen. Die Langostinos mit der Hälfte der Butter bestreichen. Den Rost unter den vorgeheizten Backofengrill schieben. Die Langostinos etwa 8 Minuten unter mehrmaligem Wenden grillen. Die Langostinos nach etwa 2 1/2 Minuten Grillzeit mit der restlichen Butter bestreichen.

5. Die Langostinos auf einer Platte anrichten. Mit Petersilie und Zitronenspalten garnieren. Die Sherrysauce dazureichen.

Beilage: Ofenfrisches Baguette.

Makisushi mit Tunfisch Raffiniert
18 Stück

Pro Stück:
E: 4 g, F: 2 g, Kh: 12 g, kJ: 329, kcal: 79

2 Tassen Sushireis
gut 2 Tassen Wasser
3 EL Reisessig
½ gestr. TL Salz
½ TL Zucker

200 g ganz frisches Tunfischfilet (möglichst ein langes, etwa 5 cm breites Stück)
4 Blätter getrocknete Norialgen (erhältlich im Asialaden oder in der Spezialitätenabteilung)

Außerdem:
2 EL Sojasauce
1 EL Wasabipaste (erhältlich im Asialaden)
125 g eingelegter Ingwer (aus dem Glas)

Zubereitungszeit: 60 Minuten, ohne Ziehzeit
Garzeit: etwa 15 Minuten

1. Sushireis in ein Sieb geben und unter fließendem kalten Wasser so lange abspülen, bis das Wasser klar abläuft. Anschließend mit gut 2 Tassen Wasser in einem Topf zum Kochen bringen. Den Reis zugedeckt etwa 15 Minuten bei schwacher Hitze garen. Den Topf von der Kochstelle nehmen. Den Reis weitere etwa 15 Minuten im Topf ziehen lassen.

2. Reisessig erwärmen. Salz und Zucker darin unter Rühren auflösen. Den gegarten Reis in ein flaches Gefäß (nach Möglichkeit ein Holzgefäß) geben. Die Essiglösung möglichst ohne zu rühren unterarbeiten (schwenken). Den Reis mit einem feuchten Tuch abdecken.

3. Den Tunfisch unter fließendem kalten Wasser abspülen, trocken tupfen und in 4 gleich lange Streifen schneiden.

4. Ein Noriblatt auf eine Sushimatte legen. Ein Viertel der Reismasse darauf verteilen. Einen Streifen Tunfisch in die Mitte des Blattes legen und zu einer festen Rolle aufrollen. Mit den restlichen Noriblättern ebenso verfahren. Danach die Rollen in jeweils 4–5 Makiröllchen schneiden.

5. Sojasauce mit Wasabipaste verrühren. Sushi mit dem eingelegten Ingwer und der Sauce servieren.

Mariniertes Gemüse

Gut vorzubereiten – mit Alkohol

8–10 Portionen

Pro Portion:
E: 4 g, F: 19 g, Kh: 10 g, kJ: 1026, kcal: 245

je 2	*rote, gelbe und grüne Paprikaschoten*
2 EL	*Speiseöl*
3	*dünne Zucchini*
2	*kleine Auberginen*
	Salz
2 Köpfe	*Radicchio*
4 Kolben	*Chicorée*
200 g	*Champignons*
etwa 125 ml (1/8 l)	*Olivenöl*

Für die Marinade:

4	*Schalotten*
100 ml	*Weißwein*
100 ml	*Olivenöl*
8 EL	*Rotweinessig*
2 EL	*Balsamico-Essig*
4	*Lorbeerblätter*
2 gestr. TL	*Salz*
2 TL	*Zucker*
	frisch gemahlener Pfeffer

Zubereitungszeit: 50 Minuten, ohne Marinierzeit
Backzeit: 10–15 Minuten

1. Den Backofen vorheizen.
Ober-/Unterhitze: etwa 220 °C
Heißluft: etwa 200 °C

2. Paprikaschoten vierteln, entstielen, entkernen und die weißen Scheidewände entfernen. Schotenviertel waschen, trocken tupfen und mit Speiseöl bestreichen. Die Paprikastücke mit der Hautseite nach oben auf ein Backblech (gefettet) legen. Das Backblech in den vorgeheizten Backofen schieben. Paprikastücke 10–15 Minuten backen, bis die Haut dunkel wird und Blasen wirft.

3. Das Backblech auf einen Rost stellen. Die Paprikastücke mit einem feuchten Geschirrtuch belegen und etwas abkühlen lassen. Paprikastücke enthäuten.

4. Zucchini und Auberginen waschen, abtrocknen und die Enden bzw. Stängelansätze abschneiden. Zucchini und Auberginen in etwa 1 cm dicke Scheiben schneiden. Mit Salz bestreuen und etwa 30 Minuten stehen lassen. Die Zucchini- und Auberginenscheiben mit Küchenpapier trocken tupfen.

5. In der Zwischenzeit Radicchio und Chicorée von den schlechten Blättern befreien. Salate vierteln und jeweils den Strunk herausschneiden. Die Champignons putzen, mit Küchenpapier abreiben, evtl. abspülen und trocken tupfen. Größere Champignons in Scheiben schneiden.

6. Jeweils etwas Olivenöl in einer Pfanne erhitzen. Die Zucchini- und Auberginenscheiben darin portionsweise von beiden Seiten anbraten, herausnehmen und auf Küchenpapier abtropfen lassen. Nacheinander ebenfalls Radicchio, Chicorée und Champignons in der Pfanne mit dem restlichen Olivenöl anbraten, herausnehmen und auf Küchenpapier abtropfen lassen. Gemüse in eine flache Form schichten.

7. Für die Marinade Schalotten abziehen, zuerst in Scheiben schneiden, dann in Ringe teilen. Zwiebelringe mit Wein, Olivenöl, Essig, Lorbeerblättern, Salz, Zucker und Pfeffer in einem Topf verrühren, zum Kochen bringen und einmal aufkochen lassen. Die Marinade auf dem eingeschichteten Gemüse verteilen und mindestens 2–3 Stunden marinieren.

Miesmuscheln mit Oliven und Sardellen

Preiswert

4–6 Portionen

Pro Portion:
E: 20 g, F: 15 g, Kh: 12 g, kJ: 1112, kcal: 266

800 g	*Miesmuschelfleisch (gekocht in Lake)*
6	*große, reife Tomaten*
2	*Knoblauchzehen*
4	*Schalotten*
2 Stangen	*Staudensellerie*
1	*große Möhre*
1 Bund	*glatte Petersilie*
8	*Sardellenfilets*
3 EL	*Olivenöl*
250 ml (1/4 l)	*Fischfond*
je 20	*grüne und rötliche Oliven*
	frisch gemahlener Pfeffer
etwas	*Zitronensaft*
	Salz
einige	*Salatblätter*

Zubereitungszeit: 30 Minuten

1. Das Muschelfleisch in ein Sieb geben, mit kaltem Wasser übergießen und abtropfen lassen.

2. Tomaten abspülen, trocken tupfen, kreuzweise einschneiden, kurz in kochendes Wasser legen und in kaltem Wasser abschrecken. Tomaten enthäuten, halbieren, entkernen und die Stängelansätze herausschneiden. Tomatenhälften in Würfel schneiden.

3. Knoblauch und Schalotten abziehen. Knoblauch in dünne Scheiben schneiden. Schalotten zuerst in Scheiben schneiden, dann in Ringe teilen.

4. Staudensellerie putzen und die harten Außenfäden abziehen. Selleriestangen waschen, abtropfen lassen und in Würfel schneiden. Möhre putzen, schälen, abspülen, abtropfen lassen und ebenfalls klein würfeln. Petersilie abspülen und trocken tupfen. Die Blättchen von den Stängeln zupfen. Blättchen klein schneiden. Sardellenfilets grob hacken.

5. Olivenöl in einem weiten Topf erhitzen. Knoblauchscheiben und Schalottenringe darin andünsten. Dann Sellerie- und Möhrenwürfel hinzufügen, mit andünsten. Fischfond hinzugießen und zum Kochen bringen. Sellerie- und Möhrenwürfel so lange dünsten, bis sie weich sind.

6. Muschelfleisch und Oliven zu der Gemüsemasse geben. Mit Pfeffer kräftig würzen. Muschelfleisch und Oliven unter Rühren miterhitzen. Tomatenwürfel, Sardellenstücke und Petersilie unterrühren, 2–3 Minuten bei schwacher Hitze mitkochen lassen. Mit Zitronensaft, Salz und Pfeffer abschmecken.

7. Nach Belieben die Miesmuscheln mit Oliven und Sardellen in Gläsern anrichten. Mit abgespülten und trocken getupften Salatblättern garnieren.

Wichtig: Vorsichtig mit Salz würzen, da die Sardellen salzig sind.

Migas

Für Gäste

4–6 Portionen

Pro Portion:
E: 4 g, F: 9 g, Kh: 20 g, kJ: 751, kcal: 179

200 g	*Weißbrot (2–3 Tage alt)*
3 EL	*Milch oder Wasser*
1–2	*Knoblauchzehen*
30 g	*Räucherspeck*
4 EL	*Olivenöl*
1–2 TL	*Paprikapulver edelsüß*

Zubereitungszeit: 20 Minuten, ohne Einweich- und Abkühlzeit

1. Das Weißbrot mit einem Sägemesser in etwa 2 cm große Würfel schneiden. Die Brotwürfel in eine flache Schale legen, mit Milch oder Wasser besprenkeln und mindestens 3 Stunden stehen lassen.

2. Den Knoblauch abziehen und sehr klein schneiden. Speck in kleine Würfel schneiden.

3. Olivenöl in einer Pfanne erhitzen, Speckwürfel darin auslassen. Speckwürfel mit einer Schaumkelle herausnehmen, auf Küchenpapier legen, abtropfen und abkühlen lassen.

4. Die Brotwürfel in die Pfanne geben und in dem Olivenöl bei schwacher Hitze von allen Seiten goldbraun rösten.

5. Speckwürfel fein hacken. Kurz vor Ende des Röstens Knoblauch und Speckwürfel zu den Brotwürfeln geben und miterhitzen. Brotwürfel mit Paprika bestreuen. Erkalten lassen.

Tipp: Wenn es schnell gehen soll, können Sie auch frisches Weiß- oder Toastbrot würfeln. Es muss nicht eingeweicht werden und kann sofort, wie im Rezept beschrieben, geröstet werden.

Mini-Pizzen

Für Kinder – vegetarisch

12 Stück

Pro Stück:
E: 15 g, F: 18 g, Kh: 42 g, kJ: 1627, kcal: 389

Für den Hefeteig:

600 g Weizenmehl
1 Pck. Dr. Oetker Trockenbackhefe
1 Prise Zucker
1 gestr. TL Salz
250 ml (1/4 l) lauwarmes Wasser
4 EL Olivenöl

etwas Weizenmehl

Für den Belag:

800 g Tomaten
je 2 rote, gelbe und grüne Paprikaschoten
1 Zucchini (etwa 200 g)
6 EL Olivenöl
Salz
frisch gemahlener Pfeffer
500 g Mozzarella-Käse
2 EL gemischte, gehackte Kräuter, z. B. Oregano, Basilikum, Rosmarin

Zum Garnieren:

einige Basilikumblättchen

Zubereitungszeit: 60 Minuten, ohne Teiggehzeit
Backzeit: 10–12 Minuten je Backblech

1. Für den Teig Mehl in eine Rührschüssel geben und mit der Trockenbackhefe sorgfältig vermischen. Zucker, Salz, Wasser und Olivenöl hinzufügen. Die Zutaten mit Handrührgerät mit Knethaken zunächst kurz auf niedrigster, dann auf höchster Stufe in etwa 5 Minuten zu einem glatten Teig verarbeiten. Den Teig zugedeckt so lange an einem warmen Ort gehen lassen, bis er sich sichtbar vergrößert hat (etwa 20 Minuten).

2. Danach den Teig leicht mit Mehl bestäuben, aus der Schüssel nehmen, auf einer leicht bemehlten Arbeitsfläche nochmals kurz durchkneten und etwa 1/2 dick ausrollen. Den Teig einige Minuten ruhen lassen, dann 12 runde Platten (Ø etwa 8 cm) ausstechen. Die Teigplatten mit etwas Abstand auf 2 Backbleche (mit Backpapier belegt) legen.

3. Für den Belag Tomaten abspülen, trocken tupfen, kreuzweise einschneiden, kurz in kochendes Wasser legen und in kaltem Wasser abschrecken. Tomaten enthäuten, halbieren, entkernen und die Stängelansätze herausschneiden. Die Tomatenhälften in kleine Würfel schneiden.

4. Die Paprikaschoten halbieren, entstielen, entkernen und die weißen Scheidewände entfernen. Die Schotenhälften waschen und abtropfen lassen. Zucchini waschen, abtrocknen und die Enden abschneiden. Dann Schotenhälften und Zucchini ebenfalls in kleine Würfel schneiden.

5. Den Backofen vorheizen.
Ober-/Unterhitze: etwa 180 °C
Heißluft: etwa 160 °C

6. Das Olivenöl portionsweise in einer großen Pfanne erhitzen. Nacheinander die Tomaten-, Paprika- und Zucchiniwürfel darin andünsten. Jeweils mit Salz und Pfeffer würzen.

7. Zuerst die Tomaten-, dann die Paprika- und Zucchiniwürfel auf den Teigplatten verteilen. Mozzarella abtropfen lassen und in 12 Scheiben schneiden. Je 1 Scheibe Mozzarella auf den Pizzabelag legen. Die Pizzen mit den Kräutern bestreuen.

8. Die Backbleche nacheinander (bei Heißluft zusammen) in den vorgeheizten Backofen schieben. Die Pizzen 10–12 Minuten je Backblech backen.

9. Zum Garnieren Basilikumblättchen abspülen und trocken tupfen. Die Mini-Pizzen mit den Basilikumblättchen garnieren und sofort servieren.

Tipp: Wenn es nicht nur vegetarisch sein soll, können einige Pizzen auch mit Tunfisch aus der Dose, Kochschinkenwürfeln oder dünnen Salamischeiben belegt werden.

Minizwiebeln mit Bacon, geschmorte

Einfach

4 Portionen

Pro Portion:
E: 6 g, F: 10 g, Kh: 6 g, kJ: 572, kcal: 137

100 g Bacon (Frühstücksspeck, in Scheiben)
1 EL Olivenöl
500 g kleine Zwiebeln
3 EL Schältomaten (Tetra Pak®)
Wasser
Salz
frisch gemahlener Pfeffer

Zubereitungszeit: 30 Minuten
Garzeit: etwa 40 Minuten

1. Den Frühstücksspeck in feine Streifen schneiden. Olivenöl in einer Pfanne erhitzen. Speckstreifen darin kurz anbraten.

2. Die Zwiebeln abziehen, zu den Speckstreifen in die Pfanne geben und kurz mitbraten lassen, Schältomaten unterrühren. So viel Wasser hinzugießen, dass die Zwiebeln zur Hälfte mit Wasser bedeckt sind, mit Salz und Pfeffer würzen.

3. Die Zwiebeln zugedeckt etwa 40 Minuten schmoren, bis sie weich sind. Eventuell während der Garzeit noch etwas Wasser hinzugießen. Die Minizwiebeln nach der Garzeit nochmals mit Salz und Pfeffer abschmecken und servieren.

Tipp: Statt kleiner Zwiebeln können Sie auch Minizwiebeln verwenden, dann verkürzt sich die Schmorzeit auf 15–20 Minuten.

Mohnrollen mit Ingwer-Curry-Dip

Vegetarisch

8–10 Portionen

Pro Portion:
E: 12 g, F: 19 g, Kh: 25 g, kJ: 1379, kcal: 329

Für den Teig:

2 TL rosa Pfefferbeeren
1 gestr. TL Salz
140 g gesiebtes Weizenmehl
60 g gemahlener Mohn (erhältlich im Reformhaus)
100 g Butter oder Margarine
2 EL heller Speisesirup
150 g Crème fraîche
4 Eiweiß (Größe M)

Für den Ingwer-Curry-Dip:

30 g frischer Ingwer
375 g Magerquark
300 g Joghurt
2 TL Currypulver
1 TL gemahlener Koriander
3–4 TL flüssiger Honig
2 TL mittelscharfer Senf
2 geh. EL Ingwerkonfitüre
Salz
gemahlener Zimt

Zubereitungszeit: 90 Minuten, ohne Abkühlzeit
Backzeit: 4–5 Minuten je Backblech

1. Den Backofen vorheizen.
Ober-/Unterhitze: etwa 200 °C
Heißluft: etwa 180 °C

2. Für den Teig die Pfefferbeeren mit Salz in einem Mörser sehr fein zerstoßen, mit Mehl und Mohn in einer Schüssel mischen.

3. Die Butter oder Margarine und Sirup in einer Rührschüssel mit Handrührgerät mit Rührbesen auf höchster Stufe geschmeidig rühren. Mohn-Mehl-Mischung und Crème fraîche unterrühren. Eiweiß steif schlagen und unterheben.

4. Jeweils etwa 4 Teelöffel des Teiges in breiten Abständen voneinander auf Backbleche (gefettet, mit Backpapier belegt) setzen. Die Teighäufchen mit einer Backpalette oder einem Messer zu dünnen Platten (Ø etwa 10 cm) verstreichen. Die Backbleche nacheinander (bei Heißluft zusammen) in den vorgeheizten Backofen schieben. Die Gebäckplatten 4–5 Minuten je Backblech backen.

5. Die Gebäckplatten sofort nach dem Backen mit einem Messer an einer Seite vom Backblech lösen und mithilfe eines Kochlöffelstiels aufrollen. Die Rollen auf einen Kuchenrost legen und erkalten lassen. Die erkalteten Rollen bis zum Verzehr in einer gut schließenden Dose aufbewahren.

6. Für den Dip Ingwer schälen und auf einer Haushaltsreibe fein reiben. Quark mit Joghurt in einer Schüssel verrühren. Ingwer, Curry, Koriander, Honig, Senf und Konfitüre gut unterrühren. Den Dip mit Salz und Zimt abschmecken. Die Mohnrollen mit dem Dip servieren.

Tipp: Wenn die Gebäckplatten zu stark abgekühlt sind, lassen sie sich nicht mehr aufrollen. Dann das Backblech nochmals kurz in den heißen Backofen schieben, bis die Gebäckplatten wieder warm sind.

Möhren mit Parmaschinken

Für Gäste

10–12 Stück

Pro Stück:
E: 2 g, F: 1 g, Kh: 4 g, kJ: 147, kcal: 35

10–12	*junge Möhren mit Grün*
1 EL	*Balsamico-Essig*
	Salz
1 Prise	*Zucker*
	frisch gemahlener Pfeffer
3 EL	*Olivenöl*
5–6 Scheiben	*Parmaschinken*

Zum Garnieren:

evtl. etwas	*Petersilie und Rosmarin*

Zubereitungszeit: 25 Minuten, ohne Marinierzeit

1. Möhren putzen, dabei jeweils etwas von dem Stiel stehen lassen. Möhren waschen, abtropfen lassen, kurz in kochendem Wasser blanchieren und in kaltem Wasser abschrecken. Möhren in eine flache Schale legen.

2. Essig, Salz, Zucker und Pfeffer verrühren, Olivenöl unterschlagen. Die Möhren mit der Marinade beträufeln und etwa 60 Minuten marinieren, dabei gelegentlich wenden.

3. Schinkenscheiben längs halbieren. Die Möhren aus der Marinade nehmen und mit je 1 Schinkenscheibe umwickeln.

4. Nach Belieben Petersilie und Rosmarin abspülen, trocken tupfen. Von der Petersilie die Blättchen von den Stängeln zupfen. Die Möhren auf einer Platte anrichten. Mit den Petersilienblättchen und Rosmarin garnieren.

Möhren-Ingwer-Püfferchen mit Apfelkompott

Etwas Besonderes

4 Portionen

Pro Portion:

E: 5 g, F: 13 g, Kh: 37 g, kJ: 1219, kcal: 291

500 g	Möhren
1	Kartoffel
1/2 Topf	Schnittlauch
2 Stängel	Koriander
1 walnussgroßes Stück	Ingwer
1 Pck.	Dr. Oetker Finesse Orangenschalen-Aroma
1 Msp.	gemahlener Kreuzkümmel
2 EL	Weizenmehl
2 EL	Semmelbrösel
1	Ei (Größe M)
	frisch geriebene Muskatnuss
	Salz, frisch gemahlener Pfeffer
5–6 EL	Olivenöl
370 g	Apfelkompott (aus dem Glas)

Zubereitungszeit: 40 Minuten
Bratzeit: etwa 6 Minuten je Pfanne

1. Möhren putzen, schälen, abspülen und abtropfen lassen. Die Kartoffel waschen, schälen, abspülen und abtropfen lassen. Möhren und Kartoffeln grob raspeln. Schnittlauch und Koriander abspülen und trocken tupfen. Schnittlauch in Röllchen schneiden. Die Blättchen von den Korianderstängeln abzupfen (einige Blättchen zum Garnieren beiseitelegen). Blättchen klein schneiden. Ingwer schälen und fein reiben.

2. Möhren-, Kartoffelraspel, Schnittlauchröllchen, Koriander, Ingwer, Orangenschalen-Aroma, Kreuzkümmel, Mehl, Semmelbrösel und Ei in eine Rührschüssel geben und gut verrühren. Die Teigmasse mit Muskat, Salz und Pfeffer würzen.

3. Etwas von dem Olivenöl in einer beschichteten Pfanne erhitzen. Den Pufferteig portionsweise mit einem Esslöffel in das heiße Olivenöl geben und etwas flach drücken. Die Püfferchen von jeder Seite etwa 3 Minuten braten, bis sie goldbraun sind. Aus dem Pufferteig insgesamt 8–12 Püfferchen braten.

4. Die fertigen Püfferchen aus der Pfanne nehmen, kurz abtropfen lassen und auf Küchenpapier legen. Püfferchen warm stellen.

5. Püfferchen mit dem Apfelkompott anrichten. Mit den beiseitegelegten Korianderblättchen garnieren und servieren.

Tipps: Sie können die Püfferchen gut vorbereiten, backen und zugedeckt kalt stellen. Dann die Püfferchen etwa 15 Minuten vor dem Servieren auf ein Backblech (mit Backpapier belegt) legen, mit Alufolie zudecken und im vorgeheizten Backofen bei Ober-/Unterhitze: etwa 150 °C aufwärmen. Apfelkompott nach Belieben mit Orangenschalenstreifen garnieren.

Muscheln mit Knoblauch, überbackene

Mit Alkohol

4–6 Portionen

Pro Portion:
E: 4 g, F: 25 g, Kh: 2 g, kJ: 1076, kcal: 257

30 große Miesmuscheln
1 Schalotte
125 ml (1/8 l) Wasser
250 ml (1/4 l) Weißwein
1 EL gemischte, gehackte Kräuter, z. B. Thymian, Estragon, Basilikum
3 Knoblauchzehen
150 g weiche Butter
3 EL gehackte, glatte Petersilie
Salz

Zubereitungszeit: 30 Minuten
Garzeit: 2–3 Minuten
Überbackzeit: etwa 3 Minuten

1. Die Muscheln in reichlich kaltem Wasser gründlich waschen und einzeln abbürsten, bis sie nicht mehr sandig sind. Muscheln, die sich beim Waschen öffnen, aussortieren. Sie sind ungenießbar.

2. Den Backofen vorheizen.
Ober-/Unterhitze: etwa 220 °C
Heißluft: etwa 200 °C

3. Schalotte abziehen und in kleine Würfel schneiden. Wasser mit Wein, Schalottenwürfeln und Kräutern in einem großen Topf zum Kochen bringen. Die Muscheln hinzugeben, zum Kochen bringen und zugedeckt 2–3 Minuten bei starker Hitze kochen lassen.

4. Die Muscheln mit einem Schaumlöffel aus dem Sud nehmen und gut abtropfen lassen. Leere Schalenhälften und Muscheln, die sich nach dem Garen nicht öffnen, aussortieren. Sie sind ungenießbar.

5. Die Schalenhälften mit dem Muschelfleisch in eine Auflaufform legen. Knoblauch abziehen und fein zerdrücken. Butter geschmeidig rühren. Knoblauch und Petersilie unterrühren, mit Salz würzen. Die Kräuterbutter auf den Muscheln verteilen. Die Form auf dem Rost in den vorgeheizten Backofen schieben. Die Muscheln etwa 3 Minuten überbacken. Die Muscheln sofort servieren.

Nigirisushi mit Lachs

Für Gäste – gut vorzubereiten

18 Stück

Pro Stück:
E: 3 g, F: 1 g, Kh: 11 g, kJ: 277, kcal: 66

2 Tassen	*Sushireis*
gut 2 Tassen	*Wasser*
3 EL	*Reisessig*
½ gestr. TL	*Salz*
½ TL	*Zucker*
200 g	*ganz frisches Lachsfilet (möglichst ein etwa 5 cm breites, langes Stück)*
2–3 TL	*Wasabipaste (erhältlich im Asialaden)*
1 EL	*Sojasauce*
125 g	*eingelegter Ingwer (aus dem Glas)*

Zubereitungszeit: 50 Minuten, ohne Ziehzeit
Garzeit: etwa 15 Minuten

1. Den Reis in ein Sieb geben und unter fließendem kalten Wasser so lange abspülen, bis das Wasser klar abläuft. Anschließend gut 2 Tassen Wasser in einem Topf zum Kochen bringen. Den Reis zugedeckt etwa 15 Minuten bei schwacher Hitze garen. Den Topf von der Kochstelle nehmen. Den Reis weitere 15 Minuten im Topf ziehen lassen.

2. Reisessig erwärmen. Salz und Zucker darin unter Rühren auflösen. Den gegarten Reis in ein flaches Gefäß (nach Möglichkeit ein Holzgefäß) geben. Die Essiglösung möglichst ohne zu rühren unterarbeiten (schwenken). Den Reis mit einem feuchten Tuch abdecken.

3. Das Lachsfilet unter fließendem kalten Wasser abspülen, trocken tupfen und in 18 schräge Scheiben schneiden.

4. Jeweils etwas Wasabipaste auf die Lachsscheiben streichen. Eine tischtennisgroße Reisportion in die eine Hand und eine Lachsscheibe (bestrichene Seite nach oben) in die andere Hand nehmen. Den Reis auf die Lachsscheibe drücken und dabei in die typische längliche Form bringen. Mit der Lachsseite nach oben zeigend auf einer Platte anrichten. So weiter fortfahren, bis 18 Sushi entstanden sind. Mit Sojasauce, Wasabipaste und eingelegtem Ingwer servieren.

Olivencocktail Schnell

4 Portionen

Pro Portion:
E: 12 g, F: 28 g, Kh: 3 g, kJ: 1327, kcal: 317

100 g frische Champignons
1–2 EL Zitronensaft
150 g Gouda-Käse
175 g Spargelspitzen (aus dem Glas)
100 g schwarze Oliven ohne Stein

Für die Sauce:
1 EL Weißweinessig
1 TL mittelscharfer Senf
4 EL Schlagsahne
2 EL Olivenöl
2 EL gemischte, gehackte Kräuter, z. B. Petersilie, Dill, Schnittlauch
Salz, frisch gemahlener Pfeffer

8 Blätter Kopfsalat

Zubereitungszeit: 20 Minuten

1. Champignons putzen, mit Küchenpapier abreiben, evtl. abspülen und trocken tupfen. Champignons in Scheiben schneiden und anschließend mit Zitronensaft beträufeln.

2. Den Käse in feine Stifte schneiden. Spargelspitzen in einem Sieb abtropfen lassen. Die Oliven mit Champignonscheiben, Käsestiften und Spargelspitzen vermischen.

3. Für die Sauce Essig mit Senf und Sahne verrühren. Olivenöl unterschlagen, Kräuter unterrühren. Die Sauce mit Salz und Pfeffer abschmecken. Salatblätter abspülen, trocken tupfen und etwas kleiner zupfen.

4. Vier Gläser mit den Salatblättern auslegen. Die Salatzutaten darin verteilen und mit der Sauce beträufeln.

Tipp: Sie können auch TK-Kräuter verwenden.

Oliven-Kräuter-Stangen

Gut vorzubereiten

16 Stück

Pro Stück:

E: 3 g, F: 14 g, Kh: 6 g, kJ: 689, kcal: 165

200 g TK-Blätterteig (4 quadratische Platten)
80 g Pinienkerne
2 Knoblauchzehen
150 g schwarze, entsteinte Oliven
70 ml Olivenöl
50 g Parmesan-Käse
1 Stängel Rosmarin

Zum Bestreichen und Bestreuen:

1 Eiweiß
1 EL Wasser
1 EL grobes Meersalz

Zubereitungszeit: 50 Minuten, ohne Auftauzeit
Backzeit: etwa 15 Minuten

1. Die Blätterteigplatten nebeneinander zugedeckt nach Packungsanleitung auftauen lassen.

2. Pinienkerne in einer Pfanne ohne Fett goldbraun rösten, herausnehmen, auf einem Teller erkalten lassen.

3. Den Backofen vorheizen.
Ober-/Unterhitze: etwa 200 °C
Heißluft: etwa 180 °C

4. Den Knoblauch abziehen. Oliven, Knoblauch und Pinienkerne sehr fein hacken (Blitzhacker) und in eine Schüssel geben. Olivenöl hinzugießen und zu einer Paste pürieren.

5. Parmesan-Käse auf einer Haushaltsreibe fein reiben und unter die Paste rühren. Rosmarin abspülen und trocken tupfen. Die Nadeln von dem Stängel zupfen. Nadeln klein hacken und ebenfalls unterrühren.

6. Jede Blätterteigplatte auf einer leicht bemehlten Arbeitsfläche zu einem Rechteck (etwa 12 x 30 cm) ausrollen.

7. Zwei Blätterteigplatten mit der Olivenpaste bestreichen, dabei rundherum einen kleinen Rand frei lassen. Mit je 1 Blätterteigplatte belegen und fest andrücken.

8. Die gefüllten Blätterteigrechtecke mit einem Teigrädchen längs in etwa 1 1/2 cm breite Streifen rädeln oder schneiden und auf ein Backblech (mit Backpapier belegt) legen.

9. Zum Bestreichen und Bestreuen Eiweiß mit Wasser verschlagen. Die Teigstreifen damit bestreichen und mit Salz bestreuen. Das Backblech in den vorgeheizten Backofen schieben. Die Oliven-Kräuter-Stangen etwa 15 Minuten backen.

10. Die Oliven-Kräuter-Stangen mit dem Backpapier vom Backblech auf einen Kuchenrost ziehen. Oliven-Kräuter-Stangen warm oder kalt servieren.

Oliven-Tomaten-Crostini

Raffiniert
20 Stück

Pro Stück:
E: 1 g, F: 5 g, Kh: 5 g, kJ: 283, kcal: 68

1	*Knoblauchzehe*
60 ml	*Olivenöl*
5 Scheiben	*Sandwich-Toast*
60 g	*schwarze Oliven in Ringen (aus dem Glas)*
300 g	*Tomaten*
1 Bund	*Basilikum*
	Salz
	frisch gemahlener Pfeffer
20 g	*frisch geriebener Parmesan-Käse*

Zubereitungszeit: 35 Minuten
Überbackzeit: etwa 10 Minuten

1. Den Backofen vorheizen.
Ober-/Unterhitze: etwa 200 °C
Heißluft: etwa 180 °C

2. Knoblauch abziehen und durch eine Knoblauchpresse drücken. Knoblauch mit der Hälfte des Olivenöls verrühren. Die Toastscheiben vierteln, mit dem Knoblauchöl beträufeln und auf ein Backblech (mit Backpapier belegt) legen. Das Backblech in den vorgeheizten Backofen schieben. Die Toastscheiben etwa 5 Minuten rösten.

3. Die Olivenringe in einem Sieb abtropfen lassen. Tomaten abspülen, abtrocknen, vierteln, entkernen und die Stängelansätze entfernen. Tomatenviertel in kleine Würfel schneiden. Basilikum abspülen und trocken tupfen. Die Blättchen von den Stängeln zupfen (einige Blättchen zum Garnieren beiseitelegen). Die Blättchen in Streifen schneiden. Tomatenwürfel mit Olivenringen und Basilikumstreifen vermengen. Mit Salz und Pfeffer würzen.

4. Die Tomatenmasse auf den Brotecken verteilen. Mit Käse bestreuen und mit dem restlichen Olivenöl beträufeln. Das Backblech wieder in den heißen Backofen schieben. Die Crostini bei gleicher Backofentemperatur weitere etwa 5 Minuten überbacken.

5. Die Crostini mit den beiseitegelegten Basilikumblättchen garniert servieren.

Orientalische, kleine Zwiebeln

Gut vorzubereiten

4 Portionen

Pro Portion:
E: 5 g, F: 11 g, Kh: 67 g, kJ: 1704, kcal: 407

1 kg	*kleine Zwiebeln*
500 ml (1/2 l)	*Gemüsebrühe*
250 ml (1/4 l)	*Obstessig*
150 g	*flüssiger Honig*
150 g	*Sultaninen*
4 EL	*Tomatenpüree (Tetra Pak®)*
4 EL	*Olivenöl*
1	*Lorbeerblatt*
1 Msp.	*gemahlener Kreuzkümmel*
1	*Sternanis*
	Salz
	frisch gemahlener Pfeffer

Zubereitungszeit: 20 Minuten
Garzeit: etwa 30 Minuten

1. Die Zwiebeln abziehen und in einen Topf geben. Die restlichen Zutaten hinzufügen und zum Kochen bringen.

2. Zwiebeln zugedeckt etwa 30 Minuten köcheln lassen, bis sie weich sind.

3. Die Zwiebeln mit Salz und Pfeffer abschmecken, erkalten lassen.

Beilage: Knuspriges Fladenbrot.

Tipps: Die Zwiebeln mit dem Sud in ein Gefäß geben, mit einem Twist-off-Deckel® verschließen und in den Kühlschrank stellen. Die Zwiebeln halten sich etwa 1 Woche.

Paprika und Avocado mit Frischkäse Raffiniert

4–6 Portionen

Pro Portion:
E: 12 g, F: 47 g, Kh: 8 g, kJ: 2097, kcal: 501

400 g	Doppelrahm-Frischkäse
	Salz
	frisch gemahlener Pfeffer
	Paprikapulver edelsüß
1 EL	gehackter Dill
1 TL	gehackte Kapern
je 2	rote und grüne Paprikaschoten
2	Avocados
1 EL	Zitronensaft
einige	Dillzweige
einige	abgetropfte Kapern
etwas	Kresse

Außerdem:

einige	Holzstäbchen

Zubereitungszeit: 40 Minuten

1. Den Frischkäse in eine Schüssel geben. Mit Salz, Pfeffer, Paprika, Dill und Kapern zu einer geschmeidigen Masse verrühren.

2. Paprikaschoten vierteln, entstielen, entkernen und die weißen Scheidewände entfernen. Schotenviertel waschen, trocken tupfen und in Rauten schneiden. Paprikareste in Würfel schneiden.

3. Die Avocados in der Mitte längs durchschneiden und jeweils den Stein herauslösen. Avocados schälen. Das Fruchtfleisch in Würfel oder Stücke schneiden und mit Zitronensaft beträufeln.

4. Je einen Tupfen der Frischkäsemasse auf die Paprikarauten und Avocadowürfel oder -stücke setzen. Mit Holzstäbchen fixieren.

5. Die Paprikarauten mit Paprikawürfeln und Dill, die Avocadostücke mit Kapern und Kresse garnieren.

Paprika-Käse-Spieße

Für Gäste

9 Spieße

Pro Spieß:
E: 22 g, F: 27 g, Kh: 7 g, kJ: 1572, kcal: 375

je 3 gelbe, rote und grüne Paprikaschoten
Salz
frisch gemahlener Pfeffer
300 g Schafkäse
300 g Gorgonzola-Käse (Blauschimmelkäse)
300 g Romadur-Käse (Weichkäse mit Rotschmiere)

Außerdem:
9 Holzspieße

Zubereitungszeit: 60 Minuten, ohne Abkühlzeit
Backzeit: 10–15 Minuten

1. Den Backofen vorheizen.
Ober-/Unterhitze: etwa 220 °C
Heißluft: etwa 200 °C

2. Paprikaschoten vierteln, entstielen, entkernen und die weißen Scheidewände entfernen. Schotenviertel waschen, trocken tupfen und mit der Hautseite nach oben auf ein Backblech (gefettet) legen. Das Backblech in den vorgeheizten Backofen schieben. Paprikastücke 10–15 Minuten backen. So lange backen, bis die Haut dunkel wird und Blasen wirft.

3. Das Backblech auf einen Rost stellen. Die Paprikastücke mit einem feuchten Geschirrtuch belegen und etwas abkühlen lassen.

4. Paprikastücke enthäuten. Größe Paprikastücke nochmals halbieren. Mit Salz und Pfeffer würzen.

5. Die 3 Käsesorten in jeweils 12 Stücke schneiden. Schafkäse auf die gelben, Gorgonzola auf die grünen und Romadur auf die roten Paprikastreifen legen. Die Paprikastreifen so zusammenrollen, dass die Hautseite nach außen zeigt. Je 4 Paprika-Käse-Päckchen auf einen Holzspieß stecken und auf einer großen Platte anrichten.

Tipps: Sie können auch andere Käsesorten verwenden, z.B. Brie- oder mittelalten Gouda-Käse, und die Paprika-Käse-Päckchen auch einzeln auf einer Platte anrichten. Jedes Päckchen dann mit einem kleinen Holzstäbchen zusammenstecken. Nach Belieben mit gerebeltem Oregano, Kräutern der Provence, Paprikapulver edelsüß oder Schnittlauchröllchen bestreuen oder mit Basilikumblättchen belegen.

Paprika-Schinken-Croissant

Raffiniert

12 Stück

Pro Stück:
E: 4 g, F: 11 g, Kh: 20 g, kJ: 833, kcal: 200

Für die Füllung:

1	*große Zwiebel*
2	*Knoblauchzehen*
500 g	*gemischte Paprikaschoten (rote, grüne, gelbe)*
60 g	*getrocknete Tomaten, eingelegt in Öl*
2 EL	*Weizenkeimöl*
40 g	*Schinkenwürfel*
2 EL	*gehackte, glatte Petersilie*
	Salz
	frisch gemahlener Pfeffer
2 EL	*Semmelbrösel*
2 Rollen	*Croissant-Teig (für je 6 Croissants, aus dem Kühlregal)*
2 EL	*Milch*

Zubereitungszeit: 40 Minuten
Backzeit: 12–15 Minuten

1. Für die Füllung Zwiebel und Knoblauch abziehen, klein würfeln. Paprikaschoten halbieren, entstielen, entkernen und die weißen Scheidewände entfernen. Schotenhälften waschen, trocken tupfen und ebenfalls in kleine Würfel schneiden. Tomaten abtropfen lassen und klein würfeln.

2. Weizenkeimöl in einem Topf erhitzen. Die Zwiebel- und Knoblauchwürfel darin andünsten. Paprika- und Schinkenwürfel hinzufügen, etwa 5 Minuten mitdünsten lassen, bis die Flüssigkeit verdampft ist.

3. Den Backofen vorheizen.
Ober-/Unterhitze: etwa 200 °C
Heißluft: etwa 180 °C

4. Die Tomatenwürfel und Petersilie unterrühren, mit Salz und Pfeffer würzen. Die Masse etwas abkühlen lassen. Semmelbrösel unterrühren, damit die Masse etwas Bindung bekommt.

5. Den Croissant-Teig aus der Packung nehmen und auf einer Arbeitsfläche ausbreiten. Je 1 Esslöffel der Füllung auf die breite Seite jedes Teigdreiecks geben. Die Dreiecke zur Spitze hin aufrollen und zu Hörnchen formen.

6. Die Croissants auf ein Backblech (mit Backpapier belegt) legen und mit Milch bestreichen. Das Backblech in den vorgeheizten Backofen (unteres Drittel) schieben. Die Croissants 12–15 Minuten backen.

7. Die Croissants mit dem Backpapier vom Backblech auf einen Kuchenrost ziehen und erkalten lassen.

Paprikaschoten, gefüllte

Klassisch

6 Stück

Pro Stück:
E: 6 g, F: 9 g, Kh: 3 g, kJ: 484, kcal: 115

200 g	*rote, geschälte Paprika (Spitzpaprika aus dem Glas, erhältlich in spanischen oder türkischen Lebensmittelläden)*
150 g	*Tunfisch naturell (aus der Dose)*
1	*kleine, grüne Paprikaschote (etwa 150 g)*
1	*Schalotte (etwa 30 g)*
1–2	*Knoblauchzehen*
1 EL	*Olivenöl*
	Salz
	frisch gemahlener Pfeffer
4 Stängel	*glatte Petersilie*
40 g	*Salatmayonnaise (50 % Fett)*
	Paprikapulver rosenscharf

Zubereitungszeit: 45 Minuten

1. Eingelegte Paprika und Tunfisch getrennt in je einem Sieb abtropfen lassen.

2. Die Paprikaschote halbieren, entstielen, entkernen und die weißen Scheidewände entfernen. Die Schotenhälften waschen, trocken tupfen und in kleine Würfel schneiden.

3. Schalotte und Knoblauch abziehen, klein würfeln. Olivenöl in einem Topf erhitzen. Die Schalotten- und Knoblauchwürfel darin andünsten. Die Paprikawürfel hinzugeben und zugedeckt etwa 6 Minuten dünsten. Flüssigkeit verdampfen lassen. Mit Salz und Pfeffer würzen. Paprikagemüse erkalten lassen.

4. Die Petersilie abspülen und trocken tupfen. Die Blättchen von den Stängeln zupfen (einige Blättchen zum Garnieren beiseitelegen) und klein schneiden.

5. Tunfisch mit einer Gabel auseinanderzupfen und in einen hohen Rührbecher geben. Mayonnaise hinzufügen und mit dem Schneidstab des Handrührgerätes pürieren.

6. Von den eingelegten Paprikaschoten die 6 besten Schoten heraussuchen und auf Küchenpapier legen. Restliche Paprikaschoten in Würfel schneiden und zum Püree geben. Paprikagemüse und gehackte Petersilie unterheben. Mit Salz, Pfeffer und Paprika würzen.

7. Die Tunfischcreme mit einem Teelöffel in die Spitzpaprika füllen. Gefüllte Paprikaschoten mit den beiseitegelegten Petersilienblättchen garnieren.

Beilage: Brot.

Tipps: Die Tunfischcreme eignet sich auch als Brotaufstrich. Statt rote, geschälte Paprikaschoten 220 g Kirschpaprika (aus dem Glas) verwenden.

Pasteten mit asiatischer Hähnchenfüllung

Raffiniert

8 Stück

Pro Stück:
E: 14 g, F: 23 g, Kh: 23 g, kJ: 1473, kcal: 352

450 g TK-Blätterteig (4 große, rechteckige Platten)

Für die Füllung:

100 g geröstete, gesalzene Erdnusskerne
200 g Hähnchenbrustfilet
3 Stängel Zitronengras
1 Bund Frühlingszwiebeln
1 Bund Koriander
2 kleine, rote Chilischoten
1 Knoblauchzehe
100 g frischer Ingwer
200 g Möhren
1 EL brauner Zucker
3 EL Sesamöl
3 EL salzige Sojasauce

1 verschlagenes Eiweiß
4 EL Sesamsamen

Zubereitungszeit: 60 Minuten, ohne Auftauzeit
Backzeit: etwa 40 Minuten

1. Die Blätterteigplatten nebeneinander zugedeckt nach Packungsanleitung auftauen lassen.

2. Für die Füllung Erdnusskerne grob hacken (Blitzhacker). Hähnchenbrustfilet unter fließendem kalten Wasser abspülen, trocken tupfen und in kleine Würfel schneiden.

3. Den Backofen vorheizen.
Ober-/Unterhitze: etwa 200 °C
Heißluft: etwa 180 °C

4. Das Zitronengras abspülen, trocken tupfen und mit einem scharfen Messer in feine Scheiben schneiden. Frühlingszwiebeln putzen, waschen, abtropfen lassen und in feine Ringe schneiden. Den Koriander abspülen und trocken tupfen. Die Blättchen von den Stängeln zupfen (einige Blättchen zum Garnieren beiseitelegen). Blättchen grob zerschneiden.

5. Chilischoten abspülen, trocken tupfen und klein schneiden. Knoblauch abziehen und in sehr kleine Würfel schneiden. Ingwer schälen, zuerst in Scheiben schneiden, dann klein hacken. Möhren putzen, schälen, abspülen, abtropfen lassen und klein würfeln.

6. Die vorbereiteten Zutaten in einer Schüssel mischen. Zucker, Sesamöl und Sojasauce untermengen.

7. Die Blätterteigplatten auf einer bemehlten Arbeitsfläche zu je einem Quadrat (etwa 20 x 40 cm) ausrollen. Teigrechtecke halbieren, sodass 8 Quadrate (etwa 20 x 20 cm) entstehen. Die Teigränder mit Eiweiß bestreichen. Die Füllung jeweils in die Mitte der Teigquadrate geben. Die Teigecken nach oben klappen und fest zusammendrücken. Teigpäckchen mit Eiweiß bestreichen, mit Sesam bestreuen. Mit einem scharfen Messer ein Muster in die Teigoberfläche ritzen.

8. Die Teigpasteten nicht zu dicht auf ein Backblech (mit Backpapier belegt) setzen. Das Backblech in den vorgeheizten Backofen schieben. Die Pasteten etwa 40 Minuten backen.

9. Die Pasteten vom Backblech lösen, anrichten und mit den beiseitegelegten Korianderblättchen garniert servieren.

Pecorino-Carpaccio mit Rucola, Thymian und Chili

Einfach – schnell

4 Portionen

Pro Portion:
E: 21 g, F: 42 g, Kh: 1 g, kJ: 1914, kcal: 457

1 Bund	*Rucola (Rauke)*
2 Stängel	*Thymian*
1–2	*Chilischoten*
250 g	*Pecorino-Käse (am Stück)*
	Salz
	frisch gemahlener Pfeffer
8 EL	*Olivenöl*

Zubereitungszeit: 20 Minuten

1. Rucola putzen und die dicken Stiele entfernen. Rucola waschen, gut abtropfen lassen oder trocken schleudern und evtl. etwas kleiner zupfen. Thymian abspülen und trocken tupfen. Die Blättchen von den Stängeln zupfen.

2. Chilischoten abspülen, trocken tupfen, entstielen, entkernen und in feine Ringe schneiden. Den Pecorino-Käse mit dem Käsehobel oder einer Aufschnittmaschine in hauchdünne Scheiben schneiden. 4 Teller oder eine größere Platte mit den Käsescheiben belegen.

3. Rucola auf den Käsescheiben verteilen. Thymianblättchen und Chiliringe daraufstreuen. Carpaccio mit etwas Salz und Pfeffer bestreuen, mit Olivenöl beträufeln und sofort servieren.

Tipps: Das Carpaccio kann vor dem Würzen zusätzlich mit in Scheiben geschnittenen Champignons belegt werden. Lecker ist es auch, das Carpaccio mit einigen Tropfen Knoblauchöl und/oder ein paar Spritzern Zitronensaft zu beträufeln. Auch ein paar Scheiben Parmaschinken und Knoblauchcroûtons passen gut zu dieser Vorspeise.

Pflaumen im Speckmantel

Mit Alkohol

20 Stück

Pro Stück:

E: 1 g, F: 1 g, Kh: 5 g, kJ: 137, kcal: 33

20	*große, entsteinte Backpflaumen*
5 EL	*Portwein*
10 Scheiben	*Bacon (Frühstücksspeck)*
1–2 EL	*Olivenöl*

Außerdem:

	Holzstäbchen oder -spieße
1	*Wasserglas*
	Meersalz

Zubereitungszeit: 20 Minuten, ohne Marinierzeit

1. Pflaumen in eine Schale legen, mit Portwein übergießen und mehrere Stunden marinieren.

2. Baconscheiben längs halbieren. Die Pflaumen aus der Marinade nehmen und etwas abtropfen lassen. Die Pflaumen mit je 1 Speckscheibe umwickeln, mit Holzstäbchen oder -spießen feststecken.

3. Olivenöl in einer Pfanne erhitzen. Die umwickelten Pflaumen darin von allen Seiten anbraten, herausnehmen und abkühlen lassen.

4. Nach Belieben ein Wasserglas mit Meersalz füllen. Die Pflaumen auf Holzspießen stecken und dekorativ ins Meersalz spießen.

Tipp: Pflaumen zum Aperitif reichen. Die Pflaumen können auch im vorgeheizten Backofen bei Ober-/Unterhitze: etwa 200 °C, Heißluft: etwa 180 °C in etwa 3 Minuten überbacken werden.

Pikante Schweineöhrchen

Für Kinder – einfach

etwa 50 Stück

Pro Stück:
E: 2 g, F: 3 g, Kh: 3 g, kJ: 212, kcal: 51

450 g TK-Blätterteig (10 quadratische Platten)

Zum Bestreichen:

2 Eier
etwa 150 g frisch geriebener Parmesan-Käse
1 TL Paprikapulver edelsüß

Zubereitungszeit: 40 Minuten, ohne Auftau- und Ruhezeit
Backzeit: etwa 15 Minuten je Backblech

1. Blätterteigplatten nebeneinander zugedeckt nach Packungsanleitung auftauen lassen. Die Blätterteigplatten jeweils halbieren. Je 2 Teighälften auf einer leicht bemehlten Arbeitsfläche aufeinanderlegen und zu Rechtecken (etwa 5 x 20 cm) ausrollen, etwa 5 Minuten ruhen lassen.

2. Den Backofen vorheizen.
Ober-/Unterhitze: etwa 200 °C
Heißluft: etwa 180 °C

3. Zum Bestreichen die Eier verschlagen. Parmesan-Käse und Paprika unterrühren.

4. Die Käsemasse mithilfe eines Messers dünn auf die Blätterteigrechtecke streichen.

5. Die Blätterteigrechtecke jeweils in gut 1 cm breite Streifen schneiden (je Teigrechteck etwa 5 Streifen). Anschließend die Teigstreifen von den Enden her zur Mitte aufrollen.

6. Die Schweineöhrchen auf Backbleche (mit Backpapier belegt) legen.

7. Die Backbleche nacheinander (bei Heißluft zusammen) in den vorgeheizten Backofen schieben. Die Schweineöhrchen etwa 15 Minuten je Backblech backen

8. Die Schweineöhrchen mit dem Backpapier von den Backblechen auf Kuchenroste ziehen. Schweineöhrchen erkalten lassen.

Pikantes Blätterteiggebäck

Für Gäste – raffiniert

40 Stück

Pro Stück:
E: 2 g, F: 4 g, Kh: 3 g, kJ: 242, kcal: 58

300 g TK-Blätterteig (5 Platten)

Für die Füllung:
- *150 g Räucherlachs*
- *40 g Pistazienkerne*
- *1 Bund Dill*
- *150 g geriebener, mittelalter Gouda-Käse*
- *1 Eiweiß (Größe M)*
- *2 EL Crème fraîche*

Zum Bestreichen:
- *1 verschlagenes Eigelb*

Zubereitungszeit: 30 Minuten, ohne Auftauzeit
Backzeit: etwa 15 Minuten

1. Blätterteigplatten nebeneinander zugedeckt nach Packungsanleitung auftauen lassen.

2. Die Platten aufeinanderlegen und auf einer leicht bemehlten Arbeitsfläche zu einem Rechteck ausrollen. Teigrechteck halbieren. Jedes Teigstück zu einem Rechteck (etwa 20 x 40 cm) ausrollen.

3. Den Backofen vorheizen.
Ober-/Unterhitze: etwa 200 °C
Heißluft: etwa 180 °C

4. Für die Füllung Lachs in kleine Würfel schneiden. Pistazienkerne klein hacken. Dill abspülen und trocken tupfen. Die Spitzen von den Stängeln zupfen. Spitzen klein schneiden.

5. Den Käse in eine Schüssel geben. Eiweiß, Crème fraîche, Lachswürfel, Pistazienkerne und Dill hinzufügen. Die Zutaten gut verrühren, auf den Teigrechtecken verteilen und die Teigrechtecke jeweils von der längeren Seite her aufrollen.

6. Die Teigrollen in je 20 dicke Scheiben (Ø etwa 2 cm) schneiden, auf ein Backblech (mit kaltem Wasser abgespült) legen und mit verschlagenem Eigelb bestreichen. Das Backblech in den vorgeheizten Backofen schieben. Das Gebäck etwa 15 Minuten backen.

7. Das Gebäck vom Backblech lösen und auf einem Kuchenrost erkalten lassen.

Pilz-Bruschetta Mit Alkohol
4 Portionen

Pro Portion:
E: 3 g, F: 9 g, Kh: 3 g, kJ: 542, kcal: 129

200 g	frische Steinpilze (ersatzweise Pfifferlinge oder rosé Champignons)
1	Schalotte
20 g	getrocknete Tomaten
8 Scheiben	Ciabatta oder Baguette
2 EL	Olivenöl
etwas	frischer oder ½ TL gerebelter Majoran
125 ml (⅛ l)	trockener Weißwein
50 g	Schlagsahne
	Salz, frisch gemahlener Pfeffer

Zubereitungszeit: 15 Minuten
Garzeit: etwa 15 Minuten

1. Steinpilze putzen und mit Küchenpapier abreiben, evtl. kurz abspülen und gut abtropfen lassen. Pilze in dünne Scheiben schneiden. Schalotte abziehen und würfeln. Tomaten in feine Streifen schneiden.

2. Die Brotscheiben in einer beschichteten Pfanne von beiden Seiten anrösten oder toasten.

3. Olivenöl in einer Pfanne erhitzen. Schalottenwürfel, Majoran und Pilzscheiben darin unter Rühren anbraten. Tomatenstreifen hinzugeben, kurz mit andünsten. Wein und Sahne hinzugießen, zum Kochen bringen und etwa 10 Minuten unter gelegentlichem Rühren dünsten, bis die meiste Flüssigkeit verdampft ist. Mit Salz und Pfeffer abschmecken.

4. Die Pilzmasse etwas abkühlen lassen und auf den knusprigen Brotscheiben verteilen. Sofort servieren.

Tipp: Die Pilz-Bruschetta mit frischen Kräutern, z.B. glatte Petersilie, garnieren.

Variante: Tomaten-Bruschetta.
Dafür 5 enthäutete, entkernte Tomaten in kleine Würfel schneiden, mit 1 fein gewürfelten Knoblauchzehe, 1 Esslöffel fein gehackten Basilikumblättchen und 3 Esslöffeln Olivenöl verrühren. Mit Salz und Pfeffer würzen. 8 große Baguettescheiben in einer beschichteten Pfanne rösten. Die Tomatenmasse darauf verteilen. Bruschetta mit Basilikumblättchen garniert sofort servieren.

Pilzgemüse auf Brot

Raffiniert

8 Scheiben

Pro Scheibe:
E: 3 g, F: 3 g, Kh: 14 g, kJ: 390, kcal: 93

1	*Zwiebel*
1	*Knoblauchzehe*
250 g	*gemischte Pilze, z. B. gemischte Champignons, Austernpilze und Kräutersaitlinge*
2 EL	*Olivenöl*
	Salz, frisch gemahlener Pfeffer
½ Bund	*Schnittlauch*
2 Stängel	*Petersilie*
1 EL	*Tomatenmark*
1 TL	*Kapern*
8 Scheiben	*Stangenweißbrot oder Baguette*
evtl. einige	*Tomatenstreifen*

Zubereitungszeit: 30 Minuten, ohne Abkühlzeit
Garzeit: 5–8 Minuten

1. Zwiebel und Knoblauch abziehen, in kleine Würfel schneiden. Pilze putzen, mit Küchenpapier abreiben, evtl. kurz abspülen, trocken tupfen und in Scheiben schneiden.

2. Einen Esslöffel Olivenöl in einer Pfanne erhitzen. Pilzscheiben darin unter mehrmaligem Wenden anbraten. Zwiebel- und Knoblauchwürfel unterrühren, mit Salz und Pfeffer würzen. Die Pilzscheiben zugedeckt 5–8 Minuten bei mittlerer Hitze garen.

3. Schnittlauch und Petersilie abspülen, trocken tupfen. Schnittlauch in kleine Röllchen schneiden. Von der Petersilie die Blättchen von den Stängeln zupfen (einige Blättchen zum Garnieren beiseitelegen), Blättchen klein schneiden.

4. Schnittlauchröllchen und Petersilie zu der Pilzmasse geben. Tomatenmark und abgetropfte Kapern unterheben. Mit Salz und Pfeffer abschmecken, abkühlen lassen.

5. Die Brotscheiben dünn mit dem restlichen Olivenöl bestreichen und in einer Pfanne von einer Seite goldbraun rösten. Oder die Brotscheiben unter dem vorgeheizten Backofengrill rösten. Die Brotscheiben etwas abkühlen lassen.

6. Die Pilzmasse auf den Brotscheiben (geröstete Seite oben) verteilen. Mit den beiseitegelegten Petersilienblättchen und evtl. Tomatenstreifen garnieren.

Tipp: Besonders intensiv nach Pilzen schmeckt es, wenn Sie dem Pilzgemüse etwas Steinpilzpulver hinzufügen.

Pilz-Wraps

Schnell (ohne Foto)

6–8 Stück

Pro Scheibe:
E: 17 g, F: 10 g, Kh: 30 g, kJ: 1184, kcal: 280

300 g	*Putenbrustfilet*
3	*Frühlingszwiebeln*
300 g	*Austernpilze*
2 EL	*Olivenöl*
1	*Knoblauchzehe*
	Salz, frisch gemahlener Pfeffer
4	*mittelgroße Tomaten*
6–8	*weiche Weizentortillas (Wraps, je etwa 45 g)*
1 Kästchen	*Kresse*
150 g	*Schmand (Sauerrahm) oder saure Sahne*

Zubereitungszeit: 20 Minuten
Garzeit: etwa 15 Minuten

1. Putenbrustfilet unter fließendem kalten Wasser abspülen und trocken tupfen. Putenbrustfilet in Streifen schneiden. Die Frühlingszwiebeln putzen, abspülen, abtropfen lassen und in dünne Ringe schneiden. Die Austernpilze putzen, mit Küchenpapier abreiben, evtl. abspülen, trocken tupfen und in feine Streifen schneiden.

2. Einen Esslöffel Olivenöl in einer Pfanne erhitzen. Die Fleischstreifen darin kräftig bei starker Hitze unter Rühren anbraten. Frühlingszwiebeln hinzugeben. Den Knoblauch abziehen, durch eine Knoblauchpresse drücken und zu den Fleischstreifen geben. Mit Salz und Pfeffer würzen. Die Fleischstreifen aus der Pfanne nehmen.

3. Tomaten abspülen, trocken tupfen, halbieren und die Stängelansätze herausschneiden. Tomatenhälften in kleine Würfel schneiden. Restliches Olivenöl in die Pfanne geben. Austernpilze darin kräftig unter Rühren anbraten. Mit Salz und Pfeffer würzen.

4. Tortilla-Fladen nach Packungsanleitung erwärmen. Kresse abspülen, trocken tupfen und abschneiden. Die Fladen dünn mit Schmand oder saurer Sahne bestreichen. Fleischstreifen, Frühlingszwiebelringe, Tomatenwürfel, Austernpilze und Kresse darauf verteilen. Die Fladen aufrollen, schräg halbieren und servieren.

Pizza-Variationen Für Gäste
2 Stück

Insgesamt: Fisch „klassisch"
E: 106 g, F: 111 g, Kh: 131 g, kJ: 8224, kcal: 1963

Insgesamt: „pur"
E: 92 g, F: 125 g, Kh: 134 g, kJ: 8660, kcal: 2067

Insgesamt: „klassisch"
E: 99 g, F: 105 g, Kh: 130 g, kJ: 7828, kcal: 1867

Insgesamt: Gemüse „edel"
E: 73 g, F: 64 g, Kh: 133 g, kJ: 5932, kcal: 1415

Insgesamt: „fruchtig"
E: 105 g, F: 63 g, Kh: 188 g, kJ: 7424, kcal: 1774

Insgesamt: „edel"
E: 107 g, F: 87 g, Kh: 129 g, kJ: 7325, kcal: 1747

Für den Hefeteig:

300 g Weizenmehl
1 Pck. Dr. Oetker Trockenbackhefe
1 gestr. TL Salz
4 EL Speiseöl
150 ml lauwarmes Wasser

Für die Sauce:

800 g geschälte Tomaten (aus der Dose)
1 abgezogene, durchgepresste Knoblauchzehe
1 gestr. TL Salz
frisch gemahlener Pfeffer
Oregano, Basilikum, Rosmarin

Für die Variation Fisch „klassisch":

2 Tomaten
150 g Tunfisch in Öl (aus der Dose)
½ Gemüsezwiebel (in Scheiben)
30 g gefüllte, grüne Oliven
200 g geraspelter Gouda-Käse

Für die Variation „pur":

1 Staude Brokkoli, in Röschen geteilt, gedünstet
2 Tomaten
250 g Bel Paese (italienischer Weichkäse), in kleinen Stücken
70 g schwarze Oliven

Für die Variation „klassisch":

2 Tomaten
75 g italienische Salamischeiben
180 g Artischockenherzen (aus der Dose), geviertelt
230 g Champignonscheiben (aus dem Glas)
200 g geriebener Gouda-Käse

Für die Variation Gemüse „edel":

100 g geriebener Gouda-Käse
2 Tomaten
300 g grüner Spargel, gedünstet
50 g Parmaschinken
1 Zucchini (in Scheiben), gedünstet
50 g Austernpilze, in Stücke, kurz in Butter angebraten
20 g geriebener Gouda-Käse

Für die Variation „fruchtig":

50 g geriebener Gouda-Käse
2 Tomaten
70 g Erbsen
235 g Pfirsichspalten (Tortenpfirsiche, aus der Dose)
13 Kaiser-Kirschen (aus dem Glas)
250 g geräucherte Putenbrust, in Streifen geschnitten
50 g geriebener Gouda-Käse

Für die Variation „edel":

50 g geriebener Gouda-Käse
50 g geriebener Parmesan-Käse (beide Käsesorten mischen, die Hälfte davon auf die Sauce geben)
2 Tomaten
150 g Krabben
200 g Spinat, in Butter 3–5 Minuten gedünstet
Rührei (aus 3 Eiern und 2 EL Milch)
restliche Käsemischung (s. o.)

Zubereitungszeit: 90 Minuten, ohne Teiggehzeit
Backzeit: 20–30 Minuten je Backblech

1. Für den Teig Mehl in eine Rührschüssel geben, mit der Trockenbackhefe sorgfältig vermischen. Restliche Zutaten hinzufügen und mit Handrührgerät mit Knethaken auf höchster Stufe in etwa 5 Minuten zu einem glatten Teig verarbeiten. Den Teig zugedeckt so lange an einem warmen Ort gehen lassen, bis er sich sichtbar vergrößert hat (etwa 20 Minuten).

2. Den gegangenen Teig leicht mit Mehl bestäuben, aus der Schüssel nehmen und auf einer leicht bemehlten Arbeitsfläche nochmals kurz durchkneten. 2 runde Platten (Ø etwa 30 cm) ausrollen und auf Backbleche (mit Backpapier belegt) legen. Oder den ganzen Teig auf einem Backblech (30 x 40 cm, gefettet) ausrollen.

3. Für die Sauce die angegebenen Zutaten mit den Gewürzen in einem Topf unter Rühren zum Kochen bringen und bei schwacher Hitze unter gelegentlichem Rühren zu einer dicklichen Masse einkochen, abkühlen lassen.

4. Den Teig damit bestreichen und mit jeweils einer der 6 Variationen belegen. Nochmals so lange an einem warmen Ort gehen lassen, bis sich der Teig sichtbar vergrößert hat (etwa 30 Minuten).

5. In der Zwischenzeit den Backofen vorheizen.
Ober-/Unterhitze: etwa 200 °C
Heißluft: etwa 180 °C

6. Die Backbleche nacheinander (bei Heißluft zusammen) in den vorgeheizten Backofen schieben. Die Pizzen 20–30 Minuten je Backblech backen.

Pumpernickeltaler, scharfe

Für Gäste

24 Stück

Pro Stück:
E: 6 g, F: 2 g, Kh: 15 g, kJ: 459, kcal: 110

- *½ Rettich (etwa 200 g)*
- *Salz*
- *4–5 rote Chilischoten*
- *800 g Chili-Bohnen (aus Dosen)*
- *1 EL gemahlener Koriander*
- *2 EL Tomatenmark*
- *2–3 EL Olivenöl*
- *24 Pumpernickeltaler*

- *einige Korianderblättchen*

Zubereitungszeit: 35 Minuten

1. Den Rettich putzen, waschen, schälen, abspülen, abtropfen lassen und in Scheiben schneiden. Rettichscheiben mit Salz bestreuen und bis zur weiteren Verwendung Saft ziehen lassen.

2. Zwei Chilischoten abspülen, trocken tupfen, längs aufschneiden und entkernen. Chili in kleine Würfel schneiden. Die Bohnen in ein Sieb geben, mit kaltem Wasser abspülen und abtropfen lassen.

3. Bohnen und Chiliwürfel in einen hohen Rührbecher geben und pürieren. Koriander, Tomatenmark und das Olivenöl unterrühren. Mit Salz würzen.

4. Die Pumpernickeltaler auf einer Platte anrichten. Rettichscheiben gut abtropfen lassen oder trocken tupfen. Pumpernickeltaler mit je 1 Rettichscheibe belegen. Das Bohnenpüree in einen Spritzbeutel mit Lochtülle (Ø 10 mm) füllen und auf die Rettichscheiben spritzen.

5. Restliche Chilischoten abspülen, trocken tupfen und in dünne Ringe schneiden. Die Pumpernickeltaler mit den Chiliringen und abgespülten und trocken getupften Korianderblättchen garnieren.

Pumpernickeltaler mit Käse, scharfe

Raffiniert

24 Stück

Pro Stück:
E: 2 g, F: 3 g, Kh: 4 g, kJ: 223, kcal: 53

- *150 g Camembert*
- *100 g Doppelrahm-Frischkäse*
- *1 TL mittelscharfer Senf*
- *Salz*
- *frisch gemahlener Pfeffer*
- *Paprikapulver edelsüß*
- *etwas Balsamico-Essig*
- *etwas Worcestersauce*
- *1 Bund Schnittlauch*
- *24 Pumpernickeltaler*

Zubereitungszeit: 25 Minuten

1. Camembert mit einer Gabel zerdrücken. Mit Frischkäse und Senf verrühren. Die Käsemasse mit Salz, Pfeffer, Paprika, Balsamico-Essig und Worcestersauce pikant würzen.

2. Den Schnittlauch abspülen, trocken tupfen und in Röllchen schneiden. Schnittlauchröllchen unter die Käsemasse rühren. Evtl. nochmals mit den Gewürzen abschmecken.

3. Je 1 gut gehäuften Teelöffel der Käsemasse kuppelartig auf die Pumpernickeltaler geben und mit Paprika bestreuen.

4. Anschließend die Pumpernickeltaler auf einer Platte anrichten.

Rosa gebratener Tunfisch mit schwarzem und weißem Sesam

Raffiniert

2 Portionen

Pro Portion:
E: 51 g, F: 46 g, Kh: 15 g, kJ: 2846, kcal: 680

4 TK-Tunfischmedaillons oder frische Tunfischmedaillons (je etwa 80 g, etwa 3 cm dick)

Für den Möhren-Rettich-Salat:

1 große Möhre
200 g Rettich
Salz

je 2 EL weißer und schwarzer Sesamsamen (erhältlich im Asialaden)

1 Bund Koriander
1 EL Sesamöl
frisch gemahlener Pfeffer

2 EL Erdnussöl zum Braten

Außerdem:

200 ml Sojasauce
1 EL Wasabipaste (erhältlich im Asialaden)

Zubereitungszeit: 30 Minuten, ohne Auftauzeit

1. Die TK-Tunfischmedaillons nach Packungsanleitung auftauen lassen.

2. Für den Salat Möhre und Rettich putzen, schälen, abspülen und abtropfen lassen. Möhre und Rettich auf einer Haushaltsreibe in lange, dünne Streifen hobeln. Die Möhren- und Rettichstreifen in eine Schüssel geben, mit Salz bestreuen und mit den Händen einmal kräftig durchkneten.

3. Tunfischmedaillons unter fließendem kalten Wasser abspülen und trocken tupfen. Weiße und schwarze Sesamsamen jeweils in einen tiefen Teller geben. Je 2 Medaillons im weißen und schwarzen Sesamsamen wenden und andrücken.

4. Koriander abspülen und trocken tupfen. Die Blättchen von den Stängeln zupfen. Den Rettich-Möhren-Salat mit Sesamöl und Pfeffer abschmecken. Korianderblättchen unterheben.

5. Erdnussöl in einer Pfanne erhitzen. Die Tunfischmedaillons hinzufügen und kurz anbraten. TK-Tunfisch von jeder Seite 1–2 Minuten, frischen Tunfisch von jeder Seite 45 Sekunden bis 1 1/2 Minuten (die Medaillons sollten in der Mitte unbedingt roh bleiben). Die Tunfischmedaillons mit Salz und Pfeffer bestreuen.

6. Den Rettich-Möhren-Salat auf 2 Tellern verteilen und mit je einem weißen und schwarzen Tunfischmedaillon belegen. Mit Sojasauce und Wasabipaste servieren.

Tipp: Tunfisch hat sehr festes Fleisch, das sich gut zum Braten und Grillen eignet. Es darf jedoch nicht zu lange gegart werden, da es sonst hart wird.

Rosmarinecken

Raffiniert – für Gäste

Insgesamt:
E: 32 g, F: 75 g, Kh: 175 g, kJ: 6240, kcal: 1491

Für den Hefeteig:

125 g	*Weizenmehl (Type 550)*
½ Würfel	*frische Hefe (21 g)*
1 TL	*Zucker*
100 ml	*lauwarmes Wasser*
2 TL	*gerebelter Rosmarin*
125 g	*Vollkorn-Weizenmehl*
1 ½ gestr. TL	*Salz*
7 EL	*Olivenöl*
etwas	*Weizenmehl*

Zubereitungszeit: 45 Minuten, ohne Teiggeh- und Ruhezeit
Backzeit: etwa 8 Minuten je Backblech

1. Für den Teig Mehl in eine Rührschüssel geben. In die Mitte eine Vertiefung drücken und die Hefe hineinbröckeln. Zucker und etwas Wasser hinzufügen. Mit einem kleinen Teil des Mehls mit einer Gabel vorsichtig verrühren und etwa 10 Minuten gehen lassen.

2. Rosmarin zwischen den Fingern zerreiben. Rosmarin, Vollkorn-Weizenmehl, Salz, Olivenöl und restliches Wasser hinzufügen. Die Zutaten mit Handrührgerät mit Knethaken zunächst kurz auf niedrigster, dann auf höchster Stufe in etwa 5 Minuten zu einem glatten Teig verarbeiten. Den Hefeteig mit Mehl bestäuben und zugedeckt so lange an einem warmen Ort gehen lassen, bis er sich sichtbar vergrößert hat (etwa 30 Minuten).

3. Den gegangenen Teig leicht mit Mehl bestäuben, aus der Schüssel nehmen und auf einer leicht bemehlten Arbeitsfläche nochmals kurz durchkneten. Den Teig portionsweise etwa 1 cm dick ausrollen und etwa 5 Minuten ruhen lassen.

4. Den Backofen vorheizen.
Ober-/Unterhitze: etwa 200 °C
Heißluft: etwa 180 °C

5. Aus dem Hefeteig etwa 7 cm große Quadrate ausschneiden. Die Teigquadrate diagonal halbieren und auf Backbleche (gefettet, mit Backpapier belegt) legen. Nochmals zugedeckt etwa 5 Minuten an einem warmen Ort gehen lassen. Die Backbleche nacheinander (bei Heißluft zusammen) in den vorgeheizten Backofen schieben. Die Rosmarinecken etwa 8 Minuten je Backblech backen.

6. Das Gebäck mit dem Backpapier von den Backblechen auf Kuchenroste ziehen und erkalten lassen.

Tipps: Anstelle von Rosmarin 20 g fein gehackte, schwarze Oliven verwenden. Rosmarinecken mit verschiedenen Dips servieren. Sie bleiben in einer gut schließenden Blechdose etwa 14 Tage frisch. Der Hefeteig kann auch mit 1 Päckchen Dr. Oetker Trockenbackhefe zubereiten werden.

Rote Sonnenblumenkerne

Für Gäste – schnell

2–3 Portionen

Pro Portion:
E: 14 g, F: 30 g, Kh: 8 g, kJ: 1494, kcal: 357

1 gestr. TL Paprikapulver edelsüß
1 Msp. Paprikapulver rosenscharf
Salz
1 EL Olivenöl
150 g Sonnenblumenkerne

Zubereitungszeit: 10 Minuten

1. Paprika mit Salz mischen. Olivenöl in einer Pfanne erhitzen.

2. Sonnenblumenkerne hinzufügen und bei mittlerer Hitze unter gelegentlichem Wenden goldbraun rösten.

3. Sonnenblumenkerne herausnehmen, auf Küchenpapier schütten und kurz abreiben. Sonnenblumenkerne in eine Schale geben. Die Paprikamischung hinzufügen und untermischen. Sonnenblumenkerne erkalten lassen.

Tipp: Statt Sonnenblumenkerne können auch ganze Mandeln verwendet werden.

Rührei mit Makrele Raffiniert
8 Stück

Pro Stück:
E: 9 g, F: 10 g, Kh: 14 g, kJ: 751, kcal: 179

145 g Makrelenfilets in Pflanzenöl und eigenem Saft (aus der Dose)
2 Frühlingszwiebeln
100 g Tomaten
3 EL Olivenöl
Salz

8 Scheiben Stangenweißbrot oder Baguette (1 1/2–2 cm dick)

4 Eier (Größe M)
3 EL Milch
Paprikapulver edelsüß und rosenscharf

Zum Garnieren:
einige Basilikumblättchen

Zubereitungszeit: 25 Minuten

1. Makrelenfilets in einem Sieb abtropfen lassen und in Stücke zupfen. Frühlingszwiebeln putzen, waschen, abtropfen lassen und in Ringe schneiden.

2. Tomaten abspülen, trocken tupfen, kreuzweise einschneiden, kurz in kochendes Wasser legen und in kaltem Wasser abschrecken. Tomaten enthäuten, halbieren, entkernen und die Stängelansätze herausschneiden. Tomatenhälften in kleine Würfel schneiden.

3. Anschließend 1 Esslöffel Olivenöl in einer Pfanne (Ø 20–22 cm) erhitzen. Frühlingszwiebelringe darin anbraten. Tomatenwürfel hinzufügen und miterhitzen. Mit Salz bestreuen. Tomatengemüse aus der Pfanne nehmen.

4. Die Brotscheiben dünn mit 1 weiteren Esslöffel Olivenöl bestreichen und in einer Pfanne von einer Seite goldbraun rösten. Oder die Brotscheiben unter dem vorgeheizten Backofengrill rösten. Brotscheiben etwas abkühlen lassen.

5. Eier mit Milch verschlagen, mit Salz und Paprika würzen. Restliches Olivenöl in der gesäuberten Pfanne (Ø 20–22 cm) erhitzen. Die Eiermasse hineingeben und bei mittlerer Hitze stocken lassen (sobald die Eiermasse am Rand zu stocken beginnt, von außen nach innen zusammenschieben).

6. Tomatengemüse und Makrelenfilets auf der Eiermasse verteilen, wenn sie in der Mitte noch flüssig ist. Kochstelle ausschalten, Rührei stocken lassen.

7. Rührei in 8 Portionen teilen, auf den Brotscheiben (geröstete Seite oben) verteilen und mit abgespülten und trocken getupften Basilikumblättchen garniert servieren.

Tipp: Das Rührei kann auch mit gegarten Garnelen, Tunfisch oder Räucherlachs zubereitet werden.

Saltimbocca vom St. Petersfisch mit buntem Gemüse

Etwas Besonderes

8 Portionen

Pro Portion:
E: 22 g, F: 12 g, Kh: 23 g, kJ: 1200, kcal: 287

20 neue, kleine Kartoffeln
15 Stangen grüner Spargel
250 g Zuckerschoten
Salzwasser
4 Möhren
1 Bund Frühlingszwiebeln

4 Petersfischfiletstücke (ohne Haut, je etwa 150 g)
8 Scheiben Parmaschinken
6 EL Olivenöl
frisch gemahlener Pfeffer

250 g Cocktailtomaten
20 g Butter
Salz
1–2 EL Limettensaft

Zubereitungszeit: 40 Minuten

1. Kartoffeln gründlich waschen, mit Wasser bedeckt zum Kochen bringen und zugedeckt etwa 15 Minuten garen.

2. In der Zwischenzeit Spargel nur im unteren Drittel schälen und die Enden abschneiden. Von den Zuckerschoten die Enden abschneiden und evtl. abfädeln Spargel und Zuckerschoten abspülen und abtropfen lassen. Spargelstangen schräg halbieren.

3. Salzwasser in einem Topf zum Kochen bringen. Zuerst darin den Spargel etwa 4 Minuten und anschließend die Zuckerschoten etwa 2 Minuten garen. Den Spargel und die Zuckerschoten jeweils mit einem Schaumlöffel herausnehmen, mit kaltem Wasser abschrecken und in einem Sieb abtropfen lassen.

4. Die garen Kartoffeln abgießen, abdämpfen, heiß pellen und längs halbieren.

5. Die Möhren putzen, schälen, abspülen, abtropfen lassen und schräg in dünne Scheiben schneiden.

6. Die Frühlingszwiebeln putzen, waschen, abtropfen lassen und in dünne Ringe schneiden.

7. Fischfilets unter fließendem kalten Wasser abspülen, trocken tupfen und halbieren. Die Fischstücke mit je 1 Scheibe Parmaschinken umwickeln.

8. Den Backofen vorheizen.
Ober-/Unterhitze: etwa 100 °C

9. Einen großen, ofenfesten Teller miterwärmen.

10. Die Hälfte des Olivenöls in einer großen Pfanne erhitzen. Die Fischstücke darin von beiden Seiten gut anbraten. Mit Pfeffer bestreuen.

11. Die Fischstücke aus der Pfanne nehmen und zum Warmhalten auf dem vorgewärmten Teller in den vorgeheizten Backofen schieben.

12. Restliches Olivenöl in der Pfanne erhitzen. Die Kartoffelhälften und Möhrenscheiben darin anbraten und etwa 5 Minuten unter gelegentlichem Wenden weiterbraten.

13. Die Tomaten abspülen, trocken tupfen und die Stängelansätze herausschneiden.

14. Tomaten, Spargel, Zuckerschoten und Frühlingszwiebelringe hinzufügen, weitere 3–4 Minuten unter gelegentlichem Wenden mitbraten lassen.

15. Butter unterrühren. Mit Salz, Pfeffer und Limettensaft abschmecken.

16. Saltimbocca mit dem Gemüse anrichten und servieren.

Tipps: Wenn Sie einige frisch gepflückte Salbeiblüten mit dem Fisch braten, bekommt dieses Gericht ein besonderes Aroma. Statt St. Petersfisch kann man auch Pangasius-, Tilapia- oder Rotbarschfilet verwenden. Garnieren Sie die Vorspeise mit Tomatenblüten und frittierten Salbeiblättern.

Salzmandeln Für Gäste

4–6 Portionen

Pro Portion:
E: 14 g, F: 43 g, Kh: 3 g, kJ: 1863, kcal: 445

400 g	*ungeschälte, ganze Mandeln*
250 ml (1/4 l)	*Olivenöl*
	Salz

Zubereitungszeit: 30 Minuten, ohne Trockenzeit

1. Wasser in einem kleinen Topf zum Kochen bringen. Mandeln kurz hineingeben (etwa 15 Sekunden). Anschließend in ein Sieb geben, mit kaltem Wasser übergießen und abtropfen lassen.

2. Die Schalen von den Mandeln abziehen oder die Schalen aus den Mandeln drücken. Die Mandeln auf Küchenpapier oder einen Teller legen und über Nacht trocknen lassen.

3. Olivenöl in einem Topf erhitzen (etwa 170 °C). Mandeln portionsweise in dem siedenden Olivenöl goldbraun backen.

4. Mandeln mit einem Schaumlöffel herausnehmen, auf Küchenpapier legen und abtropfen lassen.

5. Mandeln mit Salz bestreut servieren.

Tipp: Die Mandeln mit einem Glas Sherry oder Cava-Sekt servieren.

Schinken-Wraps mit Spinat

Raffiniert

12 Stück

Pro Stück:

E: 9 g, F: 7 g, Kh: 2 g, kJ: 471, kcal: 112

450 g	TK-Blattspinat
1	gelbe Paprikaschote (150 g)
2	rote Paprikaschoten (je 150 g)
2–3	Knoblauchzehen
3 EL	Olivenöl
	Salz
	frisch gemahlener Pfeffer
2	hart gekochte Eier (Größe M)
6 große Scheiben	Kochschinken (etwa 300 g)

Zubereitungszeit: 40 Minuten, ohne Auftauzeit

1. Den Blattspinat nach Packungsanleitung auftauen lassen.

2. Die Paprikaschoten halbieren, entstielen, entkernen und die weißen Scheidewände entfernen. Schotenhälften waschen, abtropfen lassen und in kleine Würfel schneiden. Knoblauch abziehen und ebenfalls klein würfeln.

3. Olivenöl in einem Topf erhitzen. Knoblauch- und Paprikawürfel darin andünsten. Spinat ausdrücken, hinzugeben und zugedeckt etwa 5 Minuten dünsten. Dann im offenen Topf weitergaren, bis die Flüssigkeit verdampft ist. Spinat-Paprika-Mischung mit Salz und Pfeffer würzen.

4. Eier pellen und in Würfel schneiden. Die Schinkenscheiben halbieren, zu spitzen Tüten aufrollen und mit der Spinat-Paprika-Mischung füllen. Die Tüten in Gläser stellen und mit den Eierwürfeln bestreuen.

Schnelle Flammeküchle

Für Gäste – schnell

4–6 Portionen

Pro Portion:

E: 2 g, F: 8 g, Kh: 7 g, kJ: 433, kcal: 104

450 g TK-Blätterteig (6 rechteckige Platten)

Für den Belag:

150 g Crème fraîche
1 Beutel oder 1 Pck. Pfeffersauce (erhältlich im Supermarkt)
100 g geräucherter, durchwachsener Speck

Zum Bestreuen:

etwas Petersilie

Zubereitungszeit: 20 Minuten, ohne Auftauzeit
Backzeit: 10–15 Minuten

1. Die Blätterteigplatten nebeneinander zugedeckt nach Packungsanleitung auftauen lassen.

2. Den Backofen vorheizen.
Ober-/Unterhitze: etwa 180 °C
Heißluft: etwa 160 °C

3. Die Blätterteigplatten jeweils in 4 Stücke schneiden und auf ein Backblech (mit Backpapier belegt) legen.

4. Für den Belag Crème fraîche mit dem Pfeffersaucenpulver glatt rühren und auf die Teigstücke streichen.

5. Speck in feine Streifen schneiden und darauf verteilen. Das Backblech in den vorgeheizten Backofen schieben. Flammeküchle 10–15 Minuten backen.

6. Die Flammeküchle mit dem Backpapier vom Backblech auf einen Kuchenrost ziehen. Flammeküchle etwas abkühlen lassen.

7. Petersilie abspülen und trocken tupfen. Die Blättchen von den Stängeln zupfen. Blättchen klein schneiden. Die Flammeküchle damit bestreuen.

Tipps: Die Flammeküchle schmecken kalt und warm. Dazu einen gut gekühlten Weißwein servieren.

Spargel-Blätterteig-Minimuffins

Einfach

48 Stück

Pro Stück:

E: 1 g, F: 4 g, Kh: 3 g, kJ: 210, kcal: 50

450 g TK-Blätterteig (10 quadratische Platten)
250 g TK-Blattspinat

250 g weiße Spargelspitzen (oder Bruchspargel)
250 ml (1/4 l) Wasser
1/2 gestr. TL Salz
1 Prise Zucker

2 Tomaten (etwa 200 g)
3 Eier (Größe M)
200 g Schlagsahne
Salz
frisch gemahlener Pfeffer
frisch geriebene Muskatnuss

Zubereitungszeit: 50 Minuten, ohne Auftauzeit
Backzeit: 20–25 Minuten je Form

1. Die Blätterteigplatten nebeneinander zugedeckt bei Zimmertemperatur auftauen lassen. Blattspinat nach Packungsanleitung auftauen lassen.

2. Spargelspitzen evtl. vorsichtig schälen, abspülen und abtropfen lassen. Wasser mit Salz und Zucker in einem Topf zum Kochen bringen. Spargelspitzen hinzufügen, wieder zum Kochen bringen und in etwa 6 Minuten bissfest kochen. Spargelspitzen in ein Sieb geben, mit kaltem Wasser abspülen und abtropfen lassen.

3. Aus den Blätterteigplatten mit einer runden Ausstechform oder mit einem Wasserglas (Ø etwa 5 cm) 48 Kreise ausstechen. Teigkreise in eine Minimuffinform (für 24 Minimuffins, gefettet) legen und leicht andrücken (restliche Teigkreise zunächst kalt stellen).

4. Aufgetauten Blattspinat in einem Sieb abtropfen lassen und gut ausdrücken. Spinat evtl. etwas kleiner schneiden. Spargelspitzen in kleine Stücke schneiden. Tomaten abspülen, trocken tupfen, vierteln, entkernen und die Stängelansätze herausschneiden. Tomaten in kleine Würfel schneiden. Eier mit Sahne verschlagen, mit Salz, Pfeffer und Muskat kräftig würzen.

5. Die Muffins mit der Hälfte des Spinats, der Tomatenwürfel und der Spargelstückchen füllen. Die Hälfte der Eiersahne daraufgeben. Die Form auf dem Rost in den vorgeheizten Backofen schieben. Die Muffins 20–25 Minuten je Form backen.

6. Die Muffins jeweils aus den Formen lösen und auf einen Kuchenrost legen.

7. Die kalt gestellten Teigkreise ebenso zubereiten und backen. Muffins warm oder kalt servieren.

Tipps: Die Minimuffins in Papierbackförmchen servieren. Die Minimuffins können eingefroren und nach dem Auftauen 3–4 Minuten bei Ober-/Unterhitze: etwa 180 °C, Heißluft: etwa 160 °C aufgebacken werden.

Spargelsalat in Waldmeister-Vinaigrette

Mit Alkohol

4 Portionen

Pro Portion:
E: 5 g, F: 20 g, Kh: 7 g, kJ: 1028, kcal: 246

je 500 g	*weißer und grüner Spargel (dünne Spargelstangen)*
	Salzwasser
je 100 g	*rote und gelbe Cocktailtomaten*

Für die Waldmeister-Vinaigrette:

1	*Schalotte*
1 Bund	*frischer Waldmeister*
4 EL	*weißer Balsamico-Essig*
6 EL	*Spargelflüssigkeit*
100 ml	*weißer Burgunder*
	Salz
	frisch gemahlener Pfeffer
8 EL	*Olivenöl*

Zubereitungszeit: 50 Minuten, ohne Durchziehzeit

1. Den weißen Spargel von oben nach unten schälen. Darauf achten, dass die Schalen vollständig entfernt, die Köpfe aber nicht verletzt werden. Die unteren Enden abschneiden (holzige Stellen vollkommen entfernen). Von dem grünen Spargel das untere Drittel schälen und die unteren Enden abschneiden. Spargel abspülen und in nicht zu kleine Stücke schneiden.

2. Salzwasser in einem Topf zum Kochen bringen, die Spargelstücke darin 8–10 Minuten garen. Die Spargelstücke in einem Sieb abtropfen lassen. Spargelflüssigkeit dabei auffangen und 6 Esslöffel abmessen. Spargelstücke erkalten lassen.

3. Tomaten abspülen, trocken tupfen, halbieren und eventuell die Stängelansätze herausschneiden.

4. Für die Vinaigrette Schalotte abziehen und in kleine Würfel schneiden. Waldmeister abspülen und trocken tupfen. Die Blättchen von den Stängeln zupfen (einige Blättchen zum Garnieren beiseitelegen). Die Blättchen klein schneiden.

5. Essig mit der Spargelflüssigkeit und Wein verrühren, mit Salz und Pfeffer würzen. Olivenöl unterschlagen. Schalottenwürfel und Waldmeister unterrühren.

6. Spargelstücke und Tomatenhälften vorsichtig mit der Vinaigrette vermischen. Den Salat zugedeckt und kalt gestellt 2–3 Stunden durchziehen lassen.

7. Den Spargelsalat auf einer Platte anrichten. Mit den beiseitegelegten Waldmeisterblättchen garnieren.

Beilage: Warmes Knoblauchbrot.

Spargel-Schinken-Röllchen

Etwas Besonderes

24 Stück

Pro Stück:
E: 2 g, F: 4 g, Kh: 3 g, kJ: 272, kcal: 65

12 Stangen grüner Spargel
Salzwasser
1 Prise Zucker

70 g alter Gouda-Käse
50 g Butter
12 Scheiben Parmaschinken

6 Scheiben dreieckiger Yufkateig (erhältlich in türkischen Lebensmittelläden)
Salz, frisch gemahlener Pfeffer

Zubereitungszeit: 45 Minuten
Garzeit: 10–15 Minuten

1. Von dem Spargel nur das untere Drittel schälen und die Enden abschneiden. Spargelstangen abspülen und abtropfen lassen. Salzwasser mit 1 Prise Zucker in einem Topf zum Kochen bringen. Spargelstangen darin etwa 10 Minuten garen.

2. Spargelstangen mit einer Schaumkelle herausnehmen, mit kaltem Wasser abschrecken und in einem Sieb abtropfen lassen.

3. Den Backofen vorheizen.
Ober-/Unterhitze: etwa 200 °C
Heißluft: etwa 180 °C

4. Den Käse fein raspeln. Die Butter zerlassen. Den Parmaschinken diagonal halbieren. Spargelstangen quer halbieren.

5. Die Yufkateig-Blätter in je 4 Dreiecke (Tortenstücke) schneiden und mit der Butter bestreichen. Jeweils 1/2 Scheibe Parmaschinken darauflegen. Mit Käse, Salz und Pfeffer bestreuen. Je 1 Spargelstange auf das breite Teigende legen. Den Teig von der breiten Seite her locker aufrollen. Die Röllchen auf ein Backblech (mit Backpapier belegt) legen. Das Backblech in den vorgeheizten Backofen schieben. Die Spargel-Schinken-Röllchen 10–15 Minuten garen.

6. Die Spargel-Schinken-Röllchen vom Backblech nehmen und möglichst heiß servieren.

Tipp: Dazu passt eine mit etwas abgeriebener Schale von 1 Bio-Zitrone (unbehandelt, ungewachst) und steif geschlagener Sahne verrührte Mayonnaise.

Spinattaler, kleine Einfach

12 Stück

Pro Portion:
E: 7 g, F: 8 g, Kh: 4 g, kJ: 509, kcal: 122

225 g TK-Blattspinat
150 g Magerquark
2 Eier (Größe M)
50 g Hartweizengrieß
Salz, frisch gemahlener Pfeffer
frische geriebene Muskatnuss
5 EL Speiseöl
2–3 Tomaten
150 g Mozzarella-Käse
12 Basilikumblättchen

Außerdem:
12 Holzstäbchen

Zubereitungszeit: 60 Minuten, ohne Auftau- und Abkühlzeit

1. Spinat nach Packungsanleitung auftauen lassen. Spinat ausdrücken, hacken und in eine Schüssel geben. Quark, Eier und Grieß unterrühren. Mit Salz, Pfeffer und Muskat würzen.

2. Etwas Speiseöl in einer großen Pfanne erhitzen. Den Teig portionsweise mit einem Löffel in die Pfanne geben und mit dem Löffel zu Talern formen. Die Spinattaler von beiden Seiten goldbraun backen. Die Spinattaler aus der Pfanne nehmen und erkalten lassen. Aus dem Teig insgesamt 12 Taler backen.

3. Tomaten abspülen, trocken tupfen und die Stängelansätze herausschneiden. Die Tomaten in Scheiben schneiden. Mozzarella abtropfen lassen und ebenfalls in Scheiben schneiden.

4. Die Spinattaler mit je 1 Tomaten- und Mozzarella-Scheibe belegen, mit Holzstäbchen feststecken. Die Basilikumblättchen abspülen und trocken tupfen. Die Spinattaler anschließend mit je 1 Basilikumblättchen garnieren.

Spinat-Tortilla

Gut vorzubereiten

4–6 Portionen

Pro Portion:
E: 10 g, F: 12 g, Kh: 2 g, kJ: 647, kcal: 154

2 Schalotten (etwa 50 g)
1 Knoblauchzehe
1 EL Olivenöl
125 g TK-Blattspinat
Salz
frisch gemahlener Pfeffer
frisch geriebene Muskatnuss
6 Eier (Größe M)
6 EL Milch

Zubereitungszeit: 20 Minuten, ohne Abkühlzeit
Garzeit: etwa 40 Minuten

1. Schalotten und Knoblauch abziehen, in kleine Würfel schneiden. Danach Olivenöl in einer Pfanne erhitzen. Schalotten- und Knoblauchwürfel darin andünsten.

2. Den Backofen vorheizen.
Ober-/Unterhitze: etwa 200 °C
Heißluft: etwa 180 °C

3. Den gefrorenen Spinat hinzugeben, unter gelegentlichem Rühren andünsten und zugedeckt bei schwacher Hitze etwa 10 Minuten garen. Spinat mit Salz, Pfeffer und Muskat würzen, mit einer Gabel vorsichtig auflockern und die Flüssigkeit verdampfen lassen. Spinat aus der Pfanne nehmen und in eine Auflaufform (gefettet) geben.

4. Eier mit Milch verschlagen, mit Salz würzen. Die Eiermilch auf dem Spinat verteilen. Die Form auf dem Rost in den vorgeheizten Backofen geben. Die Spinat-Tortilla etwa 30 Minuten garen.

5. Die Form auf einen Rost stellen. Die Tortilla etwas abkühlen lassen und in Stücke schneiden.

Tarteletts mit Ziegenfrischkäse

Gut vorzubereiten

8 Stück

Pro Stück:
E: 8 g, F: 17 g, Kh: 25 g, kJ: 1216, kcal: 291

450 g	*TK-Blätterteig*
5 Stängel	*Thymian*
3 EL	*flüssiger Honig*
1 Bund	*Frühlingszwiebeln*
250 g	*Ziegenfrischkäserolle*
	Salz, frisch gemahlener Pfeffer

Zubereitungszeit: 40 Minuten, ohne Auftau-, Ruhe- und Abkühlzeit
Backzeit: etwa 15 Minuten je Backblech

1. Die Blätterteigplatten nebeneinander zugedeckt nach Packungsanleitung auftauen. Thymian abspülen und trocken tupfen (2 Stängel zum Garnieren beiseitelegen). Die Blättchen von den Stängeln zupfen.

2. Den Backofen vorheizen.
Ober-/Unterhitze: etwa 200 °C
Heißluft: etwa 180 °C

3. Honig und Thymianblättchen in einem kleinen Topf unter Rühren aufkochen lassen. Den Topf von der Kochstelle nehmen. Thymianhonig etwas abkühlen lassen.

4. Die Blätterteigplatten aufeinanderlegen und auf einer leicht bemehlten Arbeitsfläche zu einem Rechteck (etwa 35 x 50 cm) ausrollen. 8 runde Platten (Ø etwa 12 cm) ausstechen. Die Teigplatten auf Backbleche (mit Backpapier belegt) legen.

5. Frühlingszwiebeln putzen, waschen, abtropfen lassen und in dünne Ringe schneiden. Ziegenkäse in 8 Scheiben schneiden. Frühlingszwiebelringe auf den Teigplatten verteilen, mit Salz bestreuen und mit je 1 Ziegenkäsescheibe belegen. Mit Pfeffer bestreuen und mit Thymianhonig bestreichen.

6. Die Backbleche nacheinander (bei Heißluft zusammen) in den vorgeheizten Backofen schieben. Die Tarteletts etwa 15 Minuten je Backblech backen.

7. Die Tarteletts vom Backblech lösen und mit den beiseitegelegten Thymianstängeln garnieren.

8. Tarteletts warm oder kalt servieren.

Tintenfischringe, gebackene

Schnell – mit Alkohol

6–8 Portionen

Pro Portion:
E: 23 g, F: 14 g, Kh: 17 g, kJ: 1236, kcal: 295

800 g	*küchenfertige, blanchierte Tintenfischringe*
	Saft von
1	*Zitrone*
	Salz, frisch gemahlener Pfeffer

Für den Bierteig:

200 g	*Weizenmehl*
250 ml (1/4 l)	*helles Bier*
2	*Eier (Größe M)*
1 Prise	*Salz*
	Olivenöl zum Frittieren

Zubereitungszeit: 20 Minuten

1. Tintenfischringe unter fließendem kalten Wasser abspülen und trocken tupfen. Mit Zitronensaft beträufeln, mit Salz und Pfeffer würzen.

2. Für den Teig Mehl in eine Rührschüssel geben, mit Bier zu einem glatten Teig verrühren. Die Eier trennen, Eigelb gut unterrühren. Den Teig mit etwas Salz würzen. Eiweiß steif schlagen und unterheben.

3. Olivenöl in einem hohen Topf oder in einer Fritteuse auf etwa 180 °C erhitzen.

4. Tintenfischringe durch den Teig ziehen, am Schüsselrand abstreifen und portionsweise schwimmend in dem siedenden Olivenöl goldgelb ausbacken.

5. Tintenfischringe mit einem Schaumlöffel herausnehmen, auf Küchenpapier abtropfen lassen und servieren.

Tipp: Nach Belieben mit Zitronenspalten und Petersilienblättchen garnieren.

Tintenfischringe, marinierte

Einfach

4 Portionen

Pro Portion:
E: 20 g, F: 21 g, Kh: 7 g, kJ: 1260, kcal: 301

400 g TK-Tintenfischringe (natur)
Salzwasser
250 g Cocktailtomaten
250 g rote Bohnen (aus der Dose)
1 Bund glatte Petersilie

Für die Marinade:

1 Knoblauchzehe
4 EL Balsamico-Essig
Salz, frisch gemahlener Pfeffer
8 EL Olivenöl

Zubereitungszeit: 25 Minuten, ohne Auftau- und Durchziehzeit

1. Tintenfischringe nach Packungsanleitung auftauen. Anschließend in kochendem Salzwasser etwa 10 Minuten blanchieren. Tintenfischringe mit kaltem Wasser abschrecken und in einem Sieb abtropfen lassen.

2. Tomaten abspülen, trocken tupfen, vierteln, entkernen und evtl. die Stängelansätze herausschneiden. Bohnen in einem Sieb abtropfen lassen. Petersilie abspülen und trocken tupfen. Die Blättchen von den Stängeln zupfen. Blättchen grob zerschneiden.

3. Für die Marinade Knoblauch abziehen und durch eine Knoblauchpresse drücken. Mit Essig, Salz und Pfeffer verrühren, Olivenöl unterschlagen.

4. Die Tintenfischringe mit Tomatenvierteln, Bohnen und Petersilie in einer großen Schüssel mischen. Die Marinade untermischen. Tintenfischringe herzhaft abschmecken, 1–2 Stunden kalt stellen und durchziehen lassen.

Beilage: Kleine Pizzabrötchen mit Oliven.
Dafür 175 g Pizzateig nach Packungsanleitung zubereiten. Zusätzlich etwa 2 Esslöffel Olivenscheiben unter den Teig kneten. Aus dem Teig kleine Brötchen formen, auf ein Backblech (mit Backpapier belegt) legen und zugedeckt an einem warmen Ort 10–15 Minuten gehen lassen, bis sie sich sichtbar vergrößert haben. Die Brötchen im vorgeheizten Backofen bei Ober-/Unterhitze: etwa 180 °C, Heißluft: etwa 160 °C in etwa 15 Minuten knusprig braun backen.

Tomaten mit Käsesalat

Beliebt

8 Stück

Pro Stück:

E: 12 g, F: 23 g, Kh: 6 g, kJ: 1165, kcal: 278

125 g Salatmayonnaise
50 g gehackte Mandeln
Salz
frisch gemahlener Pfeffer
2–3 Äpfel, z. B. Cox Orange
300 g Emmentaler oder Gouda-Käse (in Scheiben)

8 mittelgroße Tomaten
1 EL Schnittlauchröllchen

Zubereitungszeit: 35 Minuten

1. Mayonnaise in eine Rührschüssel geben. Mandeln unterrühren. Mit Salz und Pfeffer würzen.

2. Äpfel schälen, vierteln, entkernen und in dünne, etwa 1 cm lange Stifte schneiden. Käse ebenfalls in etwa 1 cm lange Stifte schneiden. Apfel- und Käsestifte sofort unter die Mandel-Mayonnaise rühren.

3. Tomaten abspülen, trocken tupfen. Jeweils einen Deckel abschneiden. Die Tomaten mit einem Teelöffel vorsichtig aushöhlen, dabei einen etwa 1 cm dicken Rand stehen lassen. Die Tomatendeckel klein würfeln, mit den Schnittlauchröllchen unter den Salat rühren.

4. Die ausgehöhlten Tomaten mit dem Käsesalat füllen. Evtl. restlichen Salat dazureichen.

Tipp: Die gefüllten Tomaten zusätzlich mit Schnittlauchhalmen garniert servieren.

Tomaten-Avocado-Tatar mit Garnelen

Raffiniert – einfach

6 Portionen

Pro Portion:
E: 10 g, F: 38 g, Kh: 2 g, kJ: 1632, kcal: 390

4	*Tomaten (etwa 400 g)*
2	*hart gekochte Eier (Größe M)*
1 Topf	*Schnittlauch*
1 Topf	*Petersilie*
4	*reife Avocados (etwa 1 kg)*
2–3 EL	*Zitronensaft*
3 EL	*Balsamico-Essig*
	Salz, frisch gemahlener Pfeffer
	Zucker
8 EL	*Olivenöl*
12	*große, geschälte Garnelen (mit Schwanz)*
2 EL	*Olivenöl*

Zubereitungszeit: 30 Minuten
Bratzeit: etwa 4 Minuten

1. Die Tomaten abspülen, trocken tupfen, halbieren, entkernen und die Stängelansätze herausschneiden. Die Tomatenhälften in kleine Würfel schneiden.

2. Eier pellen und würfeln. Schnittlauch und Petersilie abspülen, trocken tupfen. Die Petersilienblättchen von den Stängeln zupfen (einige Blättchen zum Garnieren beiseitelegen). Blättchen klein schneiden. Schnittlauch in Röllchen schneiden.

3. Avocados in der Mitte längs durchschneiden und jeweils den Kern herausnehmen. Die Avocadohälften schälen. Das Fruchtfleisch in kleine Würfel schneiden. Avocadowürfel sofort mit Zitronensaft mischen.

4. Essig mit Salz, Pfeffer und Zucker verrühren. Das Olivenöl unterschlagen.

5. Avocado-, Tomaten-, Eierwürfel, Petersilie und Schnittlauchröllchen in eine Schüssel geben. Die Marinade untermischen.

6. Von den Garnelen evtl. den Darm entfernen. Die Garnelen unter fließendem kalten Wasser abspülen und trocken tupfen. Olivenöl in einer Pfanne erhitzen. Die Garnelen darin von beiden Seiten etwa 4 Minuten braten, bis sie sich rötlich färben, mit Salz und Pfeffer würzen.

7. Das Tomaten-Avocado-Tatar mit den Garnelen auf Tellern anrichten und mit den beiseitegelegten Petersilienblättchen garnieren.

Tomaten-Basilikum-Törtchen

Für Kinder

12 Stück

Pro Stück:
E: 10 g, F: 19 g, Kh: 18 g, kJ: 1174, kcal: 281

450 g TK-Blätterteig
36 Cocktailtomaten
6 Eier (Größe M)
150 g geriebener Gouda-Käse
6 EL Crème fraîche
frisch gemahlener Pfeffer
frisch geriebene Muskatnuss
1 Topf Basilikum

Zubereitungszeit: 30 Minuten, ohne Auftau- und Ruhezeit
Backzeit: etwa 20 Minuten

1. Blätterteigplatten nebeneinander zugedeckt nach Packungsanleitung auftauen.

2. Den Backofen vorheizen.
Ober-/Unterhitze: etwa 220 °C
Heißluft: etwa 200 °C

3. Tomaten abspülen, trocken tupfen, kreuzweise einschneiden, kurz in kochendes Wasser legen und in kaltem Wasser abschrecken. Die Tomaten enthäuten, halbieren, entkernen und die Stängelansätze herausschneiden.

4. Eier verschlagen, Käse und Crème fraîche unterrühren. Mit Pfeffer und Muskat würzen.

5. Basilikum abspülen und trocken tupfen. Die Blättchen von den Stängeln zupfen. Einige Blättchen zum Garnieren beiseitelegen. Restliche Blättchen klein schneiden.

6. Zwölf hitzebeständige Förmchen (Ø etwa 12 cm) mit kaltem Wasser ausspülen. Den Teig auf einer leicht bemehlten Arbeitsfläche messerrückendick ausrollen. Den Teig etwa 10 Minuten ruhen lassen. Die Förmchen mit dem Teig auskleiden, dabei jeweils einen Rand hochdrücken.

7. Klein geschnittene Basilikumblättchen auf den Teig streuen. Tomatenhälften und die Eier-Käse-Masse darauf verteilen. Die Förmchen auf dem Rost in den vorgeheizten Backofen (untere Schiene) schieben. Die Törtchen etwa 20 Minuten backen.

8. Nach etwa 10 Minuten Backzeit den Rost auf die mittlere Schiene schieben. Die Tomaten-Basilikum-Törtchen in etwa 10 Minuten fertig backen.

9. Die Förmchen vom Rost nehmen. Die Törtchen in der Form mit den beiseitegelegten Basilikumblättchen garniert servieren.

Tipp: Wer keine kleinen Förmchen hat, kann das Rezept auch in einer Tarteform (Ø 28 cm, gefettet) zubereiten und anschließend in 12 Tortenstücke teilen. Für die Tarteform benötigen Sie etwa 225 g TK-Blätterteig.

Tomaten-Zucchini-Carpaccio mit Ricotta

Vegetarisch – schnell
6 Portionen

Pro Portion:
E: 7 g, F: 18 g, Kh: 4 g, kJ: 862, kcal: 205

4	*Fleischtomaten (etwa 600 g)*
4	*kleine Zucchini (etwa 600 g)*
	Salzwasser
300 g	*Ricotta (ital. Frischkäse)*
	Salz, frisch gemahlener Pfeffer
6 EL	*Olivenöl*

Zum Garnieren:

einige	
Stängel	*Dill*

Zubereitungszeit: 30 Minuten

1. Tomaten abspülen, trocken tupfen, halbieren und die Stängelansätze herausschneiden. Tomatenhälften in Scheiben schneiden. Zucchini waschen, abtrocknen und die Enden abschneiden. Zucchini längs in dünne Scheiben schneiden (evtl. mit einer Aufschnitt- oder Brotschneidemaschine).

2. Salzwasser in einem Topf zum Kochen bringen. Die Zucchinischeiben darin portionsweise 1–2 Minuten blanchieren. Zucchinischeiben in ein Sieb geben, mit kaltem Wasser abschrecken und gut abtropfen lassen.

3. Ricotta verrühren, mit Salz und Pfeffer würzen. Den Rand von 6 Tellern dachziegelartig mit den Tomatenscheiben belegen. Jeweils ein Sechstel der Käsemasse in die Mitte des Tellers setzen. Die Zucchinischeiben an den Käse legen. Das Carpaccio mit Salz und Pfeffer bestreuen und mit Olivenöl beträufeln.

4. Zum Garnieren Dill abspülen und trocken tupfen. Die Spitzen von den Stängeln zupfen. Carpaccio mit den Dillspitzen garnieren.

Beilage: Ofenwarmes Baguette mit Knoblauch- oder Kräuterbutter.

Tunfisch mit gegrilltem Gemüse

Für Gäste

4 Portionen

Pro Portion:
E: 25 g, F: 31 g, Kh: 9 g, kJ: 1740, kcal: 416

400 g	*frischer Tunfisch*
je 1	*rote, grüne und gelbe Paprikaschote (etwa 600 g)*
1	*Zucchini (etwa 220 g)*
2	*rote Zwiebeln (etwa 100 g)*
4 EL	*Olivenöl*
12	*große, grüne, gefüllte Oliven (etwa 150 g)*
etwas	*Limettensaft*
25 g	*TK-Kräuter der Provence*
	Salz
	frisch gemahlener Pfeffer

Zubereitungszeit: 60 Minuten, ohne Durchziehzeit

1. Tunfisch unter fließendem kalten Wasser abspülen, trocken tupfen und in kleine Stücke schneiden.

2. Die Paprikaschoten halbieren, entstielen, entkernen und die weißen Scheidewände entfernen. Die Schotenhälften waschen, trocken tupfen und in mundgerechte Stücke schneiden.

3. Die Zucchini waschen, abtrocknen und die Enden abschneiden. Die Zucchini in etwas dickere Scheiben schneiden. Zwiebeln abziehen und vierteln.

4. Etwas Olivenöl in einer Pfanne (Grillpfanne) erhitzen. Tunfisch-, Paprikastücke, Zucchinischeiben und Zwiebelviertel darin portionsweise bei schwacher Hitze unter mehrmaligem Wenden garen, herausnehmen und in eine Schüssel geben. Oliven abtropfen lassen und unterheben.

5. Limettensaft mit Kräutern der Provence, Salz und Pfeffer verrühren. Restliches Olivenöl unterschlagen. Die Marinade über die vorbereiteten Zutaten geben, zugedeckt 1–2 Stunden kalt stellen und durchziehen lassen.

Tipp: Servieren Sie das Gericht als Salat oder auf Holzspieße aufgespießt als Fingerfood.

Venusmuscheln in Mandelbutter

Mit Alkohol

4–6 Portionen

Pro Portion:
E: 6 g, F: 22 g, Kh: 4 g, kJ: 993, kcal: 237

1 kg große Venusmuscheln
1 Zwiebel
1 Möhre
2 Stängel Thymian
4 EL Olivenöl
125 ml (1/8 l) Weißwein
125 ml (1/8 l) Wasser

Für die Mandelbutter:
1 kleine Knoblauchzehe
1 Bio-Zitrone (unbehandelt, ungewachst)
100 g weiche Butter
3 EL abgezogene, gemahlene Mandeln
2 EL gehackte Petersilie
Salz
frisch gemahlener Pfeffer

Für das Backblech:
grobes Meersalz

Zubereitungszeit: 45 Minuten
Garzeit: etwa 10 Minuten
Gratinierzeit: etwa 5 Minuten

1. Die Muscheln in reichlich kaltem Wasser gründlich waschen und einzeln abbürsten, bis sie nicht mehr sandig sind (Muscheln, die sich beim Waschen öffnen, sind ungenießbar). Evtl. die Fäden (Bartbüschel) entfernen.

2. Zwiebel abziehen und in kleine Würfel schneiden. Möhre putzen, schälen, abspülen, abtropfen lassen und in dünne Scheiben schneiden. Thymian abspülen und trocken tupfen.

3. Olivenöl in einem Topf erhitzen. Zwiebelwürfel und Möhrenscheiben darin andünsten. Muscheln, Thymian, Weißwein und Wasser hinzufügen. Die Zutaten zum Kochen bringen und zugedeckt etwa 10 Minuten dünsten, bis alle Muscheln geöffnet sind (Muscheln, die sich nach dem Garen nicht öffnen, aussortieren. Sie sind ungenießbar).

4. Den Backofengrill vorheizen.

5. Für die Mandelbutter Knoblauch abziehen und klein würfeln.

6. Zitrone heiß abwaschen, abtrocknen und die Schale abreiben. Zitrone halbieren und den Saft auspressen.

7. Butter mit Mandeln, Petersilie und Knoblauch zu einer geschmeidigen Masse verrühren. Zitronenschale unterrühren. Die Butter mit Salz, Pfeffer und etwas Zitronensaft abschmecken.

8. Ein Backblech mit Meersalz bestreuen.

9. Die geöffneten Muscheln großzügig mit der Mandelbutter bestreichen und nebeneinander auf das Backblech setzen, damit sie nicht umkippen.

10. Das Backblech unter den vorgeheizten Backofengrill schieben. Die Muscheln etwa 5 Minuten goldgelb gratinieren. Venusmuscheln in Mandelbutter sofort servieren.

Beilage: Tomaten-Zwiebel-Salat.
Dafür 500 g Strauchtomaten waschen, trocken tupfen und die Stängelansätze herausschneiden. 250 g Zwiebeln abziehen, zuerst in Scheiben schneiden, dann in Ringe teilen. Die Tomaten in gleich große Scheiben schneiden und in eine Salatschüssel geben. Zwiebelringe und 1 Esslöffel gehackte Petersilie untermischen. Mit Salz und Pfeffer bestreuen. Für die Salatsauce 2 Esslöffel Kräuteressig mit 2 Esslöffeln Orangensaft, 1 Teelöffel Orangen- oder Feigensenf und 1 Esslöffel Honig verrühren. 6 Esslöffel Olivenöl unterschlagen. Die Sauce mit Salz und Pfeffer abschmecken, zu den Salatzutaten geben und untermischen. Den Salat bis zum Verzehr kalt stellen. Nach Belieben mit abgespülten und trocken getupften Petersilienblättchen garnieren.

Tipp: Dazu schmeckt ofenfrisches Baguette.

Waldpilze, marinierte

Mit Alkohol

8–10 Portionen

Pro Portion:
E: 6 g, F: 56 g, Kh: 1 g, kJ: 2197, kcal: 525

2 kg	*frische, kleine Steinpilze (oder Pilze der Saison)*
6	*Knoblauchzehen*
2 Zweige	*Rosmarin*
4 Zweige	*Thymian*
4 Stängel	*Petersilie*
1,2 l	*Wasser*
400 ml	*Weißweinessig*
600 ml	*Weißwein*
150 g	*flüssiger Waldblütenhonig*
4 gestr. TL	*Meersalz*
20	*weiße Pfefferkörner*
etwa 500 ml (1/2 l)	*Olivenöl*
8	*Twist-off-Gläser® (je 300 ml Inhalt)*

Zubereitungszeit: 50 Minuten, ohne Abkühlzeit

1. Pilze putzen, mit Küchenpapier abreiben, evtl. kurz abspülen und trocken tupfen. Pilze je nach Größe halbieren oder vierteln. Knoblauch abziehen. Rosmarin, Thymian und Petersilie abspülen und trocken tupfen.

2. Wasser mit Essig, Wein, Honig, Salz, Knoblauch und Pfefferkörnern in einem großen Topf zum Kochen bringen. Dann Pilze und Kräuter hinzugeben, wieder zum Kochen bringen und etwa 8 Minuten ohne Deckel sprudelnd kochen lassen.

3. Die Pilze mit einem Schaumlöffel aus der Kochflüssigkeit heben, auf mehrfach zusammengelegtem Küchenpapier abtropfen und erkalten lassen.

4. Die Pilze in vorbereitete Gläser füllen und mit dem Olivenöl begießen, sodass die Pilze ganz bedeckt sind. Gläser mit Twist-off-Deckeln® verschließen, kalt und dunkel gestellt aufbewahren.

Tipps: Die marinierten Waldpilze halten sich kalt gestellt (Kühlschrank) etwa 4 Monate. Die Pilze mit Fladenbrot oder zu gegrilltem Fleisch servieren.

Wraps mit Lachs

Beliebt

8 Stück

Pro Stück:
E: 11 g, F: 18 g, Kh: 24 g, kJ: 1245, kcal: 298

je 1	*rote und gelbe Paprikaschote (je etwa 200 g)*
250 g	*Rucola (Rauke)*
1 Kästchen	*Kresse*
8	*weiche Weizentortillas (Wraps)*

Für die Sauce:

300 g	*Crème fraîche*
2–3 EL	*Sahnemeerrettich*
	Salz, frisch gemahlener Pfeffer
	Zucker
250 g	*Räucherlachs (in Scheiben)*

Zubereitungszeit: 30 Minuten

1. Die Paprikaschoten halbieren, entstielen, entkernen und die weißen Scheidewände entfernen. Die Schotenhälften waschen, abtropfen lassen und in feine Streifen schneiden.

2. Rucola putzen und dickere Stiele herausschneiden. Rucola waschen und trocken schleudern. Kresse abspülen, trocken tupfen und abschneiden.

3. Tortillas nach Packungsanleitung kurz erwärmen.

4. Für die Sauce Crème fraîche mit Sahnemeerrettich verrühren. Mit Salz, Pfeffer und Zucker würzen. Dann die Tortillas mit der Hälfte der Sauce bestreichen. Den Rucola und die Kresse darauf verteilen. Die Tortillas mit je 1–2 Lachsscheiben belegen. Die Paprikastreifen darauflegen und die restliche Sauce darauf verteilen. Die Tortillas fest aufrollen, mit einem scharfen Messer schräg halbieren und sofort servieren oder kurz kalt stellen.

Variante 1: **Wraps mit Balkansalat (im Foto rechts).** Dafür 8 Weizentortillas nach Packungsanleitung kurz erwärmen. ½ Eisbergsalat putzen, abspülen, gut abtropfen lassen und in Streifen schneiden. Dann 285 g Gemüsemais (aus der Dose) abtropfen lassen. 2 Zwiebeln abziehen und klein würfeln. 1 rote Paprikaschote halbieren, entstielen, entkernen und die weißen Scheidewände entfernen. Die Schotenhälften waschen, abtropfen lassen und in Streifen schneiden. 600 g Balkansalat mit Mais und den Zwiebelwürfeln mischen. Tortillas mit etwas Eisbergsalat belegen, den Balkansalat und die Paprikastreifen darauflegen und fest aufrollen. Die Rollen evtl. schräg halbieren und servieren.

Variante 2: **Wraps mit Geflügelsalat.** Dafür 8 Weizentortillas nach Packungsanleitung erwärmen. ½ Eisbergsalat putzen, abspülen, gut abtropfen lassen und in Streifen schneiden. 2 Birnen schälen, vierteln, entkernen und in dünne Spalten schneiden. Tortillas mit Eisbergsalat, 600 g Geflügelsalat und Birnenspalten belegen. Mit Currypulver bestreuen und fest aufrollen. Die Rollen evtl. schräg halbieren und servieren.

Tipps: Stellen Sie die Wraps zum Servieren in flache Gläser oder umwickeln Sie das untere Ende mit einer Papierserviette. Die Lachs-Wraps erst kurz vor dem Verzehr zubereiten, da sie sonst durchweichen.

Ziegenkäse im Speckmantel

Raffiniert – für Gäste
6 Portionen

Pro Portion:
E: 17 g, F: 45 g, Kh: 7 g, kJ: 2058, kcal: 494

450 g	*Ziegenfrischkäse*
	frisch gemahlener Pfeffer
36 Scheiben	*Bacon (Frühstücksspeck, etwa 360 g)*

Für den Tomaten-Oliven-Salat:

400 g	*Cocktailtomaten*
1 Bund	*Schnittlauch*
1	*rote Zwiebel (etwa 100 g)*
je 170 g	*grüne und schwarze Oliven ohne Stein (aus dem Glas)*
2 EL	*Balsamico-Essig*
	Salz
	frisch gemahlener Pfeffer
4 EL	*Olivenöl*
1 EL	*Olivenöl zum Braten*

Außerdem:

Holzstäbchen

Zubereitungszeit: 50 Minuten

1. Frischkäse in Stücke schneiden, in eine Schüssel geben und mit Pfeffer bestreuen. Frischkäse mit einer Gabel verkneten. Aus der Masse mit angefeuchteten Händen 18 Kugeln formen. Die Käsekugeln mit je 2 Scheiben Frühstücksspeck umwickeln und mit Holzstäbchen feststecken.

2. Für den Salat die Tomaten abspülen, trocken tupfen und die Stängelansätze herausschneiden. Größere Tomaten halbieren oder vierteln. Schnittlauch abspülen, trocken tupfen und in Röllchen schneiden. Die Zwiebel abziehen, zuerst in Scheiben schneiden, dann in Ringe teilen. Oliven in einem Sieb abtropfen lassen.

3. Den Backofengrill vorheizen.

4. Tomaten, Schnittlauchröllchen, Zwiebelringe und Oliven in einer Schüssel mischen. Essig mit Salz und Pfeffer verrühren. Olivenöl unterschlagen. Die Marinade zu den Salatzutaten geben und untermengen.

5. Olivenöl in einer Pfanne erhitzen. Die umwickelten Käsekugeln darin von allen Seiten kurz anbraten. Die Pfanne mit den angebratenen Käsekugeln auf dem Rost unter den vorgeheizten Backofengrill schieben und kurz grillen.

6. Ziegenkäse im Speckmantel mit dem Tomaten-Oliven-Salat anrichten.

Zitronenkartoffeln

Etwas Besonderes

4 Portionen

Pro Portion:
E: 4 g, F: 15 g, Kh: 29 g, kJ: 1154, kcal: 275

750 g	*kleine, festkochende Kartoffeln*
1	*Bio-Zitrone (unbehandelt, ungewachst)*

Für die Marinade:

½ Bund	*glatte Petersilie*
1	*Knoblauchzehe*
½ TL	*Fenchelkörner*
125 ml (⅛ l)	*Hühnerbrühe*
1–2 EL	*Sherryessig*
6 EL	*Olivenöl*
	Salz
	frisch gemahlener Pfeffer
1–2 TL	*brauner Zucker*

Zubereitungszeit: 30 Minuten, ohne Marinierzeit

1. Kartoffeln gründlich waschen, mit Wasser bedeckt zum Kochen bringen und zugedeckt in 20–25 Minuten gar kochen. Kartoffeln abgießen, mit kaltem Wasser abschrecken, abtropfen lassen und noch heiß pellen. Kartoffeln nach Belieben in Spalten schneiden.

2. Zitrone heiß abwaschen, abtrocknen, längs halbieren und in dünne Spalten schneiden. Die Kerne dabei entfernen.

3. Für die Marinade Petersilie abspülen und trocken tupfen. Die Blättchen von den Stängeln zupfen. Die Blättchen in schmale Streifen schneiden. Knoblauch abziehen und durch eine Knoblauchpresse drücken. Fenchelkörner im Mörser zerdrücken.

4. Die Hühnerbrühe in einem Topf zum Kochen bringen. Dann den Topf von der Kochstelle nehmen. Essig, Petersilie, Knoblauch, Fenchel und Olivenöl unterrühren. Mit Salz und Pfeffer würzen.

5. Kartoffeln und Zitronenspalten in eine Schüssel geben, mit der Marinade übergießen und mindestens 2 Stunden stehen lassen. Zitronenkartoffeln mit Salz, Pfeffer und Zucker abschmecken.

Zitrusgebeizter Lachs

Raffiniert – für Gäste

6–8 Portionen

Pro Portion:
E: 21 g, F: 7 g, Kh: 0 g, kJ: 629, kcal: 151

800 g Lachsfilet (ohne Haut und Gräten)
40 g Salz
80 g Zucker
6 Bio-Zitronen (unbehandelt, ungewachst)
2–3 EL Zitronenpfeffer
4 EL Schnittlauchröllchen

Zubereitungszeit: 30 Minuten, ohne Marinierzeit

1. Lachsfilet unter fließendem kalten Wasser abspülen und trocken tupfen. Salz und Zucker gut vermischen.

2. Die Hälfte der Salz-Zucker-Mischung auf dem Boden einer länglichen Form mit hohem Rand verteilen. Lachsfilet darauflegen und mit der restlichen Salz-Zucker-Mischung bestreuen.

3. Die Zitronen heiß abwaschen und abtrocknen. Die Schale mit einem Zestenreißer abziehen oder mit einer kleinen Reibe abreiben. Die Zitronen halbieren und den Saft auspressen.

4. Den Zitronensaft um das Lachsfilet gießen. Der Lachs sollte mindestens bis zur Hälfte, höchstens aber bis zu zwei Dritteln im Zitronensaft liegen (richtige Form aussuchen).

5. Die Zitronenschale auf dem Lachsfilet verteilen und mit Zitronenpfeffer bestreuen. Die Form mit Klarsichtfolie abdecken und etwa 48 Stunden im Kühlschrank durchziehen lassen, evtl. zwischendurch mit der Marinade begießen.

6. Die Zitronenmarinade abgießen. Das Lachsfilet mit den Schnittlauchröllchen bestreuen und in etwa 5 mm dicke Scheiben schneiden.

Tipps: Durch die Säure wirkt der Lachs äußerlich wie gegart, sollte aber im Kern noch glasig sein. Zitrusgebeizten Lachs mit Crème fraîche und Blattsalaten als Vorspeise servieren.

Zucchini-Mortadella-Röllchen

Dauert länger

24 Stück

Pro Stück:
E: 2 g, F: 7 g, Kh: 1 g, kJ: 338, kcal: 81

4	*mittelgroße Zucchini (etwa 1,2 kg)*
	Salz
etwa 8 EL	*Olivenöl*
	frisch gemahlener Pfeffer
1 kleines Bund	*Majoran*
einige Stängel	*Basilikum*
2–3 EL	*heller Balsamico-Essig oder Weißweinessig*
	Paprikapulver rosenscharf
24 dünne, große Scheiben	*italienische Mortadella (etwa 350 g)*

Zubereitungszeit: 60 Minuten, ohne Saftzieh- und Marinierzeit

1. Die Zucchini waschen, abtrocknen und die Enden abschneiden. 3 Zucchini mit einem Gemüsehobel oder mit einer Aufschnittmaschine der Länge nach in dünne Scheiben (etwa 2 mm) schneiden und mit Salz bestreuen.

2. Restliche Zucchini der Länge nach in etwa ½ cm dicke Streifen schneiden und ebenfalls salzen. Die Zucchinischeiben und -streifen etwa 20 Minuten zum Saft ziehen stehen lassen.

3. Sechs Esslöffel Olivenöl in einer Pfanne erhitzen. Die Zucchinischeiben trocken tupfen und darin portionsweise von beiden Seiten anbraten, mit Pfeffer bestreuen und herausnehmen. Zucchinischeiben erkalten lassen.

4. Majoran und Basilikum abspülen, trocken tupfen. Die Blättchen von den Stängeln zupfen. Die Hälfte der Blättchen klein schneiden. Klein geschnittene Kräuter mit Essig verrühren, mit Salz, Pfeffer und Paprika würzen, restliches Olivenöl unterschlagen. Zucchinistreifen trocken tupfen, in eine flache Schale legen und mit der Marinade übergießen. Die Zucchinistreifen etwa 20 Minuten durchziehen lassen. Zucchinistreifen herausnehmen und abtropfen lassen.

5. 24 Zucchinischeiben zum Umwickeln beiseitelegen. Mortadellascheiben nebeneinander auf einer Arbeitsfläche ausbreiten. Die Zucchinistreifen und restliche Zucchinischeiben in die Mitte der Mortadellascheiben legen und einrollen. Die Rollen u-förmig zusammenklappen, mit den beiseitegelegten Zucchinischeiben in der Mitte umwickeln, auf einer Platte anrichten und mit den restlichen Kräuterblättchen garnieren.

Tipp: Sie können die Mortadellascheiben nach Belieben durch dünne Schinken- oder Käsescheiben ersetzen.

Zucchiniröllchen, gefüllt mit Safran-Couscous

Raffiniert

12 Stück

Pro Stück:
E: 5 g, F: 7 g, Kh: 5 g, kJ: 426, kcal: 102

120 ml Gemüsebrühe
1 Msp. Safranpulver
70 g Instant-Couscous
2 Schalotten
40 g Butter
2 Bio-Limetten (unbehandelt, ungewachst)
100 g Ricotta (ital. Frischkäse)
1 Prise Zucker
Salz
1/4 TL Cayennepfeffer

2 große Zucchini (etwa 25 cm lang)
6 EL Olivenöl
frisch gemahlener Pfeffer

12 rohe Garnelen (ohne Kopf, mit Schale, dürfen nicht zu groß sein)
2–3 EL Olivenöl

Zubereitungszeit: 45 Minuten
Garzeit: etwa 10 Minuten

1. Die Brühe mit Safran in einem Topf zum Kochen bringen. Couscous mit der Safranbrühe übergießen, umrühren und 5–6 Minuten quellen lassen, bis die Flüssigkeit von dem Couscous aufgesogen ist, dabei gelegentlich umrühren.

2. Schalotten abziehen und in kleine Würfel schneiden. Butter in einer Pfanne zerlassen. Schalottenwürfel darin kurz andünsten, dann mit einer Gabel unter den Couscous mengen. Couscous abkühlen lassen.

3. Limetten heiß abwaschen, abtrocknen und halbieren. Von einer Limette 4 dünne Scheiben abschneiden und beiseitelegen. Von den restlichen Limetten den Saft auspressen. Etwa die Hälfte des Limettensaftes mit Ricotta verrühren und unter den Couscous rühren. Anschließend mit Zucker, Salz und Cayennepfeffer abschmecken.

4. Den Backofen vorheizen.
Ober-/Unterhitze: etwa 220 °C
Heißluft: etwa 200 °C

5. Die Zucchini waschen, abtrocknen und die Enden abschneiden. Zucchini mit einem Messer oder einer Aufschnittmaschine längs in 12 etwa 1/2 cm dicke Scheiben schneiden. Die Scheiben aus der Mitte der Zucchini schneiden, damit der Rand der Zucchiniröllchen hoch genug ist.

6. Jeweils etwas Olivenöl in einer Pfanne erhitzen. Die Zucchinischeiben darin portionsweise von beiden Seiten anbraten, mit Salz und Pfeffer würzen. Zucchinischeiben auf Küchenpapier legen und abtropfen lassen.

7. Zucchinischeiben jeweils zylinderförmig (Ø 4–5 cm) aufrollen und in eine Auflaufform (gefettet) setzen. Zucchiniröllchen vorsichtig mit der Couscousmasse füllen.

8. Die Form auf dem Rost in den vorgeheizten Backofen schieben. Die Zucchiniröllchen etwa 10 Minuten garen.

9. Garnelen schälen und jeweils den Darm entfernen. Garnelen unter fließendem kalten Wasser abspülen und trocken tupfen. Olivenöl in einer Pfanne erhitzen. Die Garnelen darin von beiden Seiten anbraten, mit Salz und Pfeffer würzen. Den restlichen Limettensaft unterrühren.

10. Die Zucchiniröllchen vorsichtig aus der Form nehmen und mit den beiseitegelegten Limettenscheiben auf einer Platte anrichten. Die Zucchiniröllchen mit je 1 Garnele garnieren.

Tipps: Halten die Zucchiniröllchen nicht zusammen, kann man sie mit Holzstäbchen fixieren und vor dem Servieren wieder entfernen. Als Vorspeise reichen die 12 Röllchen für 4 Portionen.

Zucchini- und Auberginenröllchen

Gut vorzubereiten

20 Stück

Pro Stück:
E: 4 g, F: 8 g, Kh: 3 g, kJ: 410, kcal: 98

2 mittelgroße Auberginen
2 mittelgroße Zucchini
Salz
1–2 Knoblauchzehen
125 ml (1/8 l) Olivenöl
frisch gemahlener Pfeffer
150 g Fetakäse

Für die Tomatensauce:

1 Zwiebel
1 Knoblauchzehe
2 EL Olivenöl
400 g stückige Tomaten (aus der Dose)
1 Prise Zucker

Für den Belag:

125 g Mozzarella-Käse
2 mittelgroße Tomaten

Zubereitungszeit: 50 Minuten, ohne Ziehzeit
Backzeit: etwa 15 Minuten

1. Auberginen und Zucchini waschen, abtrocknen und die Stängelansätze bzw. Enden abschneiden. Auberginen und Zucchini längs in jeweils 10 etwa 1 cm dicke Scheiben schneiden.

2. Auberginenscheiben mit Salz bestreuen und etwa 15 Minuten stehen lassen. Auberginen mit Küchenpapier trocken tupfen. Knoblauch abziehen und klein würfeln.

3. Jeweils etwas von dem Olivenöl in einer Pfanne erhitzen. Knoblauch hinzufügen. Auberginen- und Zucchinischeiben darin portionsweise anbraten. Die Auberginen- und Zucchinischeiben auf Küchenpapier legen und abtropfen lassen. Mit Salz und Pfeffer bestreuen.

4. Den Fetakäse in 20 längliche Stifte schneiden. Jeweils 1 Käsestift auf 1 Auberginen- und Zucchinischeibe legen, von der schmalen Seite aus aufrollen.

5. Den Backofen vorheizen.
Ober-/Unterhitze: etwa 200 °C
Heißluft: etwa 180 °C

6. Für die Tomatensauce Zwiebel und Knoblauch abziehen, klein würfeln. Olivenöl in einem Topf erhitzen. Zwiebel- und Knoblauchwürfel darin andünsten. Die Tomatenstücke mit der Flüssigkeit hinzufügen, zum Kochen bringen und etwas sämig einkochen lassen, dabei zwischendurch umrühren. Die Sauce mit Salz, Pfeffer und Zucker abschmecken.

7. Sauce in eine große, flache Auflaufform (gefettet) füllen. Auberginen- und Zucchiniröllchen hineinsetzen.

8. Für den Belag Mozzarella abtropfen lassen und in sehr feine Scheiben schneiden. Tomaten abspülen, trocken tupfen, halbieren und Stängelansätze herausschneiden. Die Tomatenhälften in Scheiben schneiden. Zuerst die Tomatenscheiben, danach die Mozzarella-Scheiben auf die Röllchen legen. Jeweils mit Salz und Pfeffer bestreuen. Die Form auf dem Rost in den vorgeheizten Backofen schieben. Die Auberginen- und Zucchiniröllchen etwa 15 Minuten überbacken.

Tipp: Das Gericht schmeckt warm und kalt.

Zucchinistifte, marinierte

Etwas teurer
4 Portionen

Pro Portion:
E: 33 g, F: 28 g, Kh: 6 g, kJ: 1696, kcal: 404

12 TK-Garnelen (gegart, etwa 360 g)
2 Zucchini (etwa 450 g)
Salzwasser

Für die Marinade:
Saft von 1 Limette
frisch gemahlener Pfeffer
4 EL Olivenöl

12 Scheiben San-Daniele- oder Parmaschinken (etwa 360 g)
einige dünne Bio-Limettenscheiben (unbehandelt, ungewachst)
einige Petersilienblättchen

Für den Dip:
2 Knoblauchzehen
Salz
100 g Salatmayonnaise

Zubereitungszeit: 50 Minuten, ohne Auftau- und Marinierzeit

1. Die Garnelen nach Packungsanleitung auftauen. Die Zucchini waschen, abtrocknen und die Enden abschneiden. Zucchini zuerst längs in dicke Scheiben, dann in etwa 5 cm lange Stifte schneiden. Zucchinistifte in kochendem Salzwasser etwa 2 Minuten blanchieren. Anschließend in eiskaltem Wasser abschrecken und in einem Sieb abtropfen lassen.

2. Garnelen abspülen und trocken tupfen. Zucchinistifte und Garnelen in eine flache Schale legen.

3. Für die Marinade Limettensaft mit Pfeffer verrühren, Olivenöl unterschlagen. Zucchinistifte und Garnelen mit der Marinade übergießen und etwa 30 Minuten durchziehen lassen. Zucchinistifte und Garnelen aus der Marinade nehmen. Marinade beiseitestellen. Schinkenscheiben auf einer Arbeitsfläche ausbreiten. Jeweils einige Zucchinistifte und 1 Garnele darauf verteilen, einrollen und auf einer Platte anrichten. Mit dünnen Limettenscheiben und abgespülten, trocken getupften Petersilienblättchen garnieren.

4. Für den Dip Knoblauch abziehen, in kleine Würfel schneiden und mit etwas Salz zu einer Paste reiben.

5. Beiseitegestellte Marinade mit Mayonnaise und der Knoblauchpaste verrühren, mit Salz abschmecken. Den Dip zu den Schinkenröllchen reichen.

Zwiebeln, bunt gefüllte

Raffiniert
12 Stück

Pro Stück:
E: 6 g, F: 5 g, Kh: 3 g, kJ: 362, kcal: 86

4 mittelgroße Zwiebeln
4 mittelgroße, rote Zwiebeln
4 mittelgroße, weiße Zwiebeln
Salzwasser

Für die Füllung:
100 g kleine, weiße Champignons
100 g kleine Pfifferlinge
100 g Austernpilze
100 g gekochter Schinken
2 EL Rapsöl
2 EL Balsamico-Essig
200 ml Gemüsebrühe
Salz, frisch gemahlener Pfeffer
Knoblauchpulver
1 Bund Thymian
120 g geriebener Emmentaler-Käse

Zubereitungszeit: 50 Minuten
Garzeit: 15–20 Minuten

1. Die Zwiebeln abziehen. Das Salzwasser in einem großen Topf zum Kochen bringen. Die Zwiebeln hinzugeben und evtl. in 2 Portionen etwa 5 Minuten kochen lassen. Die Zwiebeln in ein Sieb geben, mit kaltem Wasser abschrecken und abtropfen lassen.

2. Für die Füllung die Champignons, Pfifferlinge und Austernpilze putzen, mit Küchenpapier abreiben, evtl. abspülen und abtropfen lassen. Pilze in kleine Stücke schneiden. Schinken in Würfel schneiden.

3. Von den Zwiebeln mit einem scharfen Messer waagerecht einen Deckel abschneiden. Zwiebeln bis auf 2 Schichten aushöhlen. Das Zwiebelinnere und die Deckel in kleine Würfel schneiden.

4. Den Backofen vorheizen.
Ober-/Unterhitze: etwa 200 °C
Heißluft: etwa 180 °C

5. Rapsöl in einer großen Pfanne erhitzen. Zwiebelwürfel darin unter Wenden andünsten. Pilzstücke und Schinkenwürfeln hinzugeben, mit andünsten. Essig und Brühe hinzugießen, unterrühren und etwas einkochen lassen. Mit Salz, Pfeffer und Knoblauch würzen. Thymian abspülen und trocken tupfen (einige Stängel zum Garnieren beiseitelegen). Die Blättchen von den Stängeln zupfen. Die Blättchen unter das Pilzragout rühren.

6. Die ausgehöhlten Zwiebeln mit dem Pilzragout füllen und in eine flache Auflaufform (gefettet) setzen. Mit Käse bestreuen. Die Form auf dem Rost in den vorgeheizten Backofen schieben. Die gefüllten Zwiebeln 15–20 Minuten garen.

7. Die gefüllten Zwiebeln mit den beiseitegelegten Thymianstängeln garniert servieren.

Tipp: Die gefüllten Zwiebeln als Beilage zu kurz gebratenem oder geschmortem Wildfleisch reichen.

Zwiebeltörtchen

Raffiniert
12 Stück

Pro Stück:
E: 3 g, F: 10 g, Kh: 15 g, kJ: 669, kcal: 160

450 g	TK-Blätterteig (4 Platten)
2	Gemüsezwiebeln (etwa 500 g)
2–3	Knoblauchzehen
3 EL	Olivenöl
½ TL	gerebelter Thymian
1	Lorbeerblatt
	Salz
	frisch gemahlener Pfeffer
1 gestr. EL	Weizenmehl
2 EL	Kapern
1 Msp.	gemahlener Zimt
6	Strauchtomaten (etwa 230 g)

Zum Bestreuen:

2 EL	Schnittlauchröllchen

Zubereitungszeit: 35 Minuten, ohne Auftau- und Ruhezeit
Backzeit: etwa 25 Minuten

1. Blätterteigplatten nebeneinander zugedeckt nach Packungsanleitung auftauen lassen. Zwiebeln und Knoblauch abziehen. Die Zwiebeln halbieren und in Streifen schneiden. Knoblauch in Scheiben schneiden.

2. Zwei Esslöffel Olivenöl in einem Topf erhitzen. Zwiebelstreifen und Knoblauchscheiben darin unter Rühren andünsten. Thymian und Lorbeerblatt hinzufügen, mit Salz und Pfeffer würzen. Die Zwiebelmasse zugedeckt etwa 10 Minuten bei schwacher Hitze dünsten.

3. Die Zwiebelmasse mit Mehl bestäuben und unter Rühren kurz andünsten. Abgetropfte Kapern unterrühren. Mit Salz, Pfeffer und Zimt abschmecken und abkühlen lassen.

4. Die Blätterteigplatten aufeinanderlegen und auf einer bemehlten Arbeitsfläche zu einem Rechteck (etwa 34 x 45 cm) ausrollen, etwa 10 Minuten ruhen lassen.

5. Den Backofen vorheizen.
Ober-/Unterhitze: etwa 200 °C
Heißluft: etwa 180 °C

6. Tomaten abspülen, trocken tupfen und die Stängelansätze entfernen. Tomaten quer halbieren.

7. Aus dem Blätterteigrechteck mit einer Ausstechform 12 runde Platten (Ø etwa 11 cm) ausstechen. Die Teigplatten in eine Muffinform (für 12 Muffins, Böden gefettet) legen und andrücken.

8. Die Zwiebelmasse (Lorbeerblatt entfernen) auf dem Teig verteilen. Die Tomatenhälften mit der Schnittseite nach oben auf die Zwiebelmasse legen und leicht andrücken. Mit dem restlichen Olivenöl beträufeln, mit Salz und Pfeffer bestreuen. Die Form auf dem Rost in den vorgeheizten Backofen schieben. Die Zwiebeltörtchen etwa 25 Minuten backen.

9. Die Zwiebeltörtchen etwa 10 Minuten in der Form stehen lassen, danach aus der Form lösen und auf eine Platte legen. Zwiebeltörtchen heiß oder kalt mit Schnittlauchröllchen bestreut servieren.

Tipp: Von der Muffinform nur die Böden der Mulden einfetten. Streicht man die Ränder mit Fett ein, rutscht der Teig beim Backen zusammen.

Register

Für Gäste

Mit Alkohol

Etwas Besonderes

Vegetarisch

Einfach & schnell

Gut vorzubereiten

Für Fragen, Vorschläge oder Anregungen stehen Ihnen der Verbraucherservice der Dr. Oetker Versuchsküche Telefon: 00800 71 72 73 74 Mo.–Fr. 8:00–18:00 Uhr, Sa. 9:00–15:00 Uhr (gebührenfrei in Deutschland) oder die Mitarbeiter des Dr. Oetker Verlages Telefon: +49 (0) 521 520650 Mo.–Fr. 9:00–15:00 Uhr zur Verfügung.

Oder schreiben Sie uns:
Dr. Oetker Verlag KG, Am Bach 11, 33602 Bielefeld oder besuchen Sie uns im Internet unter www.oetker-verlag.de oder www.oetker.de.

Umwelthinweis Dieses Buch und der Einband wurden auf chlorfrei gebleichtem Papier gedruckt. Die Einschrumpffolie – zum Schutz vor Verschmutzung – ist aus umweltfreundlichem und recyclingfähigem PE-Material.

Redaktion Carola Reich, Annette Riesenberg

Innenfotos Walter Cimbal, Hamburg (S. 34, 71, 101, 108, 110, 111, 128, 129, 134, 139)
Thomas Diercks, Kai Boxhammer, Christiane Krüger, Hamburg (S. 6, 11, 14, 15, 18, 22, 23, 26, 28, 36, 37, 46–48, 49–51, 52, 56, 57, 63–66, 70, 78, 85, 87, 88, 90, 93, 95, 99, 117, 120, 121, 130, 143, 148, 152, 154)
Ulli Hartmann, Bielefeld (S. 9, 27, 55, 58, 61, 69, 77, 102, 138, 140)
Bela Hoche, Hamburg (S. 25, 29, 31, 33, 42, 45, 59, 60, 75, 136, 141, 144, 146, 153)
Ulrich Kopp, Sindelfingen (S. 44, 82, 105)
Bernd Lippert (S. 72, 73, 76, 83, 119, 127, 131, 132, 149)
Antje Plewinski, Berlin (S. 67, 145)
Hans-Joachim Schmidt, Hamburg (S. 7, 10, 12, 16, 24, 40, 74, 81, 86, 94, 97, 100, 103, 104, 109, 125, 137, 151)
Axel Struwe, Bielefeld (S. 13, 17, 19–21, 32, 35, 39, 41, 43, 54, 62, 68, 80, 91, 107, 113, 115, 122, 123, 126, 133, 135, 147, 155)
Norbert Toelle, Bielefeld (S. 89)
Brigitte Wegner, Bielefeld (S. 79, 96, 98, 106, 112)

Lektorat no:vum, Susanne Noll, Leinfelden-Echterdingen

Nährwertberechnungen Nutri Service, Hennef

Grafisches Konzept und Gestaltung MDH Haselhorst, Bielefeld
Titelgestaltung kontur:design GmbH, Bielefeld
Satz MDH Haselhorst, Bielefeld
Druck und Bindung Mohn media Mohndruck GmbH, Gütersloh

ISBN: 978-3-7670-0728-4